Horst Pöschl

dazumal und heutzutag

Horst Pöschl

dazumal und heutzutag

Impressum

Bibliografische Information der Deutschen Nationalbibliothek:
Die Deutsche Nationalbibliothek verzeichnet diese Publikation in
der Deutschen Nationalbibliografie; detaillierte bibliografische Da-
ten sind im Internet über http://dnb.dnb.de abrufbar.

© 2020 Horst Pöschl

weitere Mitwirkende: Heike Staub, Antje Pöschl und Jürgen Pöschl
Herstellung und Verlag: BoD – Books on Demand, Norderstedt
ISBN: 9783752629361

Inhalt

Worte zuvor

Das hätte die „Rose von Jericho" nicht gedacht, dass sie einmal in einem echten Buch landen würde!

Die genannte Rose ist der Titel eines Zeitungsartikels, den mein Vater Horst Pöschl vor drei Jahren im Otzberg-Boten veröffentlichte. Zahlreiche andere Texte teilten in den letzten Jahrzehnten dasselbe Schicksal, und nicht wenige schafften es auch ins Darmstädter-Echo.

Zunächst sammelten mein Bruder Jürgen Pöschl und ich fleißig die entsprechenden Zeitungen, doch allmählich wurden uns die Stapel zu hoch. Daher überredeten wir den fleißigen Schreiber, doch zumindest die auf dem PC gespeicherten Texte und Fotos in einem Buch zu bündeln. Jürgen und seine Frau Antje wollten sich um die Buchdruckerei kümmern, und mir blieb die Rolle der Vorwortschreiberin, gecoacht von meinem Mann Martin. Unsere Mutter Hedi hatte schon in den letzten Jahren als Testleserin, Köchin und Rückenfreihalterin ihren Beitrag geleistet.

Als erstes musste ein BUCHTITEL gefunden werden. Das gestaltete sich bei den unterschiedlichen Inhalten der Artikel gar nicht so einfach.

So hätte etwa „Als ich ein Bub war" auf viele Geschichten über das Heringer Dorfleben gepasst. Diese Kindheitserlebnisse unseres Vaters haben mir schon gefallen, als sie noch mündlich erzählt wurden – von ihm selbst oder meinen Großeltern Marie und Adolf Pöschl. Einiges war uns

1

auch gar nicht so fremd: So gingen auch mein Bruder und ich jahrelang mit der Milchkanne zum Sternwirt, nur Bier wurde uns dabei leider nie eingegossen (s. *Als das Bier in Milchkannen geholt wurde*).

Apropos Sternwirt, dessen Gastwirtschaft in der Odenwaldstraße unser Vater auch heute noch regelmäßig aufsucht. Schließlich fühlt er sich dort nicht nur wegen der netten Stammtischrunde heimisch. Nach der Vertreibung aus dem Sudetenland fand seine Familie nämlich auf diesem Bauernhof eine erste Bleibe. Später zogen die Pöschls gegenüber in die Hauptstraße 22, wo sie selbst ein paar Tiere hielten. Die Ziegen etwa hatte mein Vater zu hüten. Aber auch bauernhof-unübliches Vieh gehörte dazu, z.B. Bienen. Mein Urgroßvater Anton Tippmann war nämlich nicht nur Metzger, sondern auch Imker (s. *Erinnerung an die Hausschlachtung, Im Bienenstock gereift* und *Die Kuh des kleinen Mannes*).

Doch nicht nur seine persönlichen Kindheitserlebnisse beschrieb unser Vater in seinen Artikeln; vielmehr beschäftigte er sich auch mit Heimatgeschichte im Allgemeinen. Daher musste ein anderer Buchtitel her: Wie wäre es mit „Erkenntnisse eines Heimatforschers"? Wobei diese nicht nur das letzte Jahrhundert umfassen, sondern bis ins Mittelalter reichen, wo es noch Seuchen und Hexenglauben gab und die Katze des Teufels war (s. *Ein Teufelstier im christlichen Mittelalter*)?

Verstärkt für Heimatkunde interessierte mein Vater sich nämlich spätestens seit 1980. In jenem Jahr war er als Pfarrgemeinderatsmitglied Mitherausgeber der Festschrift zum 500jährigen Jubiläum der Heringer Kirche „St. Marien".

Die Verwurzelung im kirchlichen Gemeindeleben führte übrigens auch zu den zahlreichen Beschreibungen der kirchlichen Feste – „Mit Horst durchs Kirchenjahr" träfe es also auch teilweise. Religiöse Inhalte besprach unser Vater ebenfalls gerne, wobei er auch in diesem Bereich öfter über den (katholischen) Tellerrand blickte – etwa in den Artikeln über Luther und Bonhoeffer.

Diese Weltoffenheit und seine soziale, politische Haltung zeichnen unseren Vater nämlich auch aus. Ob es um die Einführung des Frauenwahlrechts, der Zeitumstellung oder der Pizza geht, all dies ist pöschliger Betrachtung wert. Wachsam verfolgt unser Vater stets das aktuelle Geschehen. Das hält ihn jung und verleiht diesem Buch eine aktuelle Komponente; selbst die (un)heilige Corona und das Leben mit ihr als Virus wird schon behandelt. Wenn wir Bölls Clown ersetzen, könnte also „Ansichten eines Mitbürgers" auch eine Option sein.

Tja, es ist nicht so einfach mit diesem verflixten Buchtitel. Ein Horst Pöschl lässt sich eben nicht in eine Schublade pressen!

Nach langem hin und her einigten wir uns nun also schließlich auf „dazumal und heutzutag". Dieser Titel ist nichtssagend und allgemein genug, um all die vielen Gebiete zu umfassen, die unseren Vater interessieren: Politik, Menschen, Geschichte, Religion, Natur, Kalligrafie - um nur einige zu nennen.

Die Artikel und Fotos sind bunt durcheinandergewürfelt und nur grob und soweit möglich den Jahreszeiten zugeordnet, was die Lektüre abwechslungsreich gestalten sollte.

Ich finde, es ist ein sehr persönliches Lesebuch geworden, in dem unser Vater sein Leben und seine Gedanken der Jetztwelt und der Nachwelt auf unterhaltsame und anschauliche Weise nahebringen will.

„Und was soll jetzt die Rose von Jericho in diesem Buch?", fragte ich meinen Vater. Schon als Kind sei er von dieser merkwürdigen Pflanze fasziniert gewesen, so dass er sich zehnjährig ein Exemplar habe schicken lassen. Bis heute würde er das Ritual des Aufblühens regelmäßig nachvollziehen.

Sollten auch Sie beim Lesen noch Fragen oder Anregungen haben, wird unser Vater sicher ebenfalls gerne persönlich darauf eingehen. Vielleicht schreibt er dann auch noch einen Artikel darüber, denn seinem liebsten Hobby, dem Schreiben, wird er sicher noch lange nachgehen.

Und nun viel Spaß beim Lesen!

Heike Staub (früher mal Pöschl)

Was Petrus mit Kohl und Erbsen zu tun hat

„Wenn`s an Lichtmess stürmt und schneit, ist der Frühling nicht mehr weit, ist es klar und hell kommt der Lenz wohl nicht so schnell" oder „An Agathe Sonnenschein bringt viel Korn und Wein" oder „Hat St. Peter das Wetter schön, soll man Kohl und Erbsen säen". Solche einfachen Reime verbinden die Gedenktage von Heiligen im Februar – in diesem Fall Mariä Lichtmess (2. Februar), Agathe (5, Februar) und Petri Stuhlfeier (22. Februar) – mit Wetterprognosen für das ganze Jahr.

Es sind die wohlbekannten „alten Bauernregeln", die oft schon aus dem Mittelalter stammen; eine Zeit, in der die jeweiligen Tagesheiligen noch deutlich geläufiger waren als heutzutage.

Die kurzen Merksätze dienten den Bauern als Leitfäden: Wann sollte gesät werden, bis wann sollte die Ernte eingeholt werden? Doch wie verlässlich können solche althergebrachten Regeln sein?

„Bauernregeln sind teilweise so allgemein gehalten, dass sie entweder keine spezifische Aussage haben oder nicht haltbar sind, gerade wenn sie einen bestimmten Stichtag nennen", meinen die Meteorologen. „Für langfristige Prognosen sind sie wissenschaftlich nicht haltbar. Dafür ist das System unserer Atmosphäre zu komplex." Handelt es sich bei den Wetterregeln also nur um bäuerlichen Aberglauben? Nicht ganz, schränken die Meteorologen ein. „Die

Bauernregeln erfüllen einen wichtigen Zweck. Für den Bauern – und damit auch für die ganze Bevölkerung – war das Wetter die Lebensgrundlage. „Schlechtes Wetter bedeutete schlechte Ernte und konnte zu Hungersnöten führen. „Was für die Menschen damals zählte, war der subjektive Eindruck", so die Meteorologen weiter." Man hat sich einen Stichtag ausgewählt und geschaut, wie das Wetter ist, War es im Folgejahr genauso, dann hat man die Regel als bestätigt angesehen. Falls nicht, wurde sie einfach vergessen. Einen Nachweis zu erbringen, war technisch überhaupt nicht möglich."

Darüber hinaus sind einige Rückschlüsse auch nicht gänzlich falsch; „Interessanterweise sind aus der Siebenschläferregel wirklich Tendenzen für den Hochsommer ableitbar." Nach der Regel sagt das Wetter am Siebenschläfertag, dem 24. Juni, das Wetter für die kommenden sieben Wochen voraus: „Wie das Wetter sich am Siebenschläfer verhält, ist es sieben Wochen lang bestellt." Die meteorologischen Aufzeichnungen zeigen, dass das Wetter tatsächlich ein ähnliches Muster zeigt. Allerdings schränken die Meteorologen ein: „Die Regel ist im besten Falle auf den Zeitraum, nicht aber auf einzelnen Tag fixierbar."

Ähnliches gilt auch für die Eisheiligen vom 12. Bis zum 15. Mai" Ein Kälteeinbruch, an diesen Tagen ist wissenschaftlich gesehen nicht wahrscheinlicher als zwischen dem 9. Und dem 12. Mai. Dass es aber in der Mitte des Monats auch häufiger noch zu stärkerem Frost kommt, lässt sich nicht bestreiten." Es darf allerdings auch nicht vergessen werden, dass die heutigen Jahrestage nicht mehr denen des Mittelalters entsprechen, als viele der Regeln aufgestellt wurden. Schuld daran: Papst Gregor XIII. (1572 – 1585). Im Zuge seiner Kalenderreform vom „julianischen" zum „gregorianischen" Kalender entfielen im Jahr 1582 schlicht zehn Tage. Dadurch haben sich natürlich alle angeblichen Stichtage für die Zukunft verschoben.

Abseits von frühneuzeitlichen Kalenderreformen stellt zuletzt aber noch eine andere Entwicklung die prophetische Kraft der Heiligentage in Frage: der Klimawandel.

Alles darf seine Zeit haben

FAST EIN GANZES NEUES JAHR LIEGT NOCH VOR UNS

Es ist Ende Januar – das neue Jahr liegt noch recht frisch und unberührt vor uns. Noch ist alles möglich. Dazu kommt wegen des Schaltjahres ja auch noch am 29. Februar ein zusätzlicher Tag, der uns zur Verfügung steht. Was man da alles machen könnte. Es ist also alles noch möglich im Jahr 2020?

Ein Blick in den Kalender bedeutet aber für viele Menschen, dass im neuen Jahr längst nicht mehr alles machbar ist. Seit langem sind die Urlaubstage eingetragen und der Sommerurlaub wahrscheinlich schon gebucht. Geburtstage sind notiert, wichtige Terminnotizen hängen am Kühlschrank neben Konzertkarten, auch wichtige Arzttermine sind bereits vereinbart oder geplant. Es ist also nicht mehr alles möglich, auch wenn das Jahr erst ganz am Anfang steht.

Trotzdem kann der Januar dazu einladen, noch einmal in aller Ruhe in den Kalender zu schauen und darüber nachzudenken, was die kommenden Tage bringen sollen, auch wenn schon viele von ihnen verplant sein mögen, Wovon sollen die zwölf Monate geprägt sein? Worauf möchte ich meinen Schwerpunkt legen? Was ist mir ganz besonders wichtig – auch dann, wenn mir vielleicht nicht so viel Zeit dafür bleibt? Vor 55 Jahren habe ich bei der Bundeswehr gelernt, wie kostbar die Zeit ist. Denn hier ist jeder Tag von morgens bis abends strukturiert und freie Zeiten sind klar definiert und begrenzt. Damit ich die nicht einfach so vertrödele, überlegte ich mir, was ich in meiner knapp bemessenen Freizeit machen möchte. Das konnte ein Kirch- oder Stadtrundgang sein, oder auch ein Kneipen- oder Kinobesuch mit Kameraden nach einer anstrengenden Gefechtsausbildung. Manchmal entschied ich mich dafür, eine Zeitung oder ein gutes Buch zu lesen oder einfach auf den Kasernenhof zu schauen und das rege militärische Treiben zu beobachten. Aber ich habe mich dann entschieden, dass ich die Zeit einfach so mit Nichtstun verstreichen lasse.

So ähnlich kann man es machen beim Blick auf das neue Jahr. Freie Zeiten mögen jetzt schon sehr begrenzt sein, vieles mag schon feststehen, aber ich kann mich bewusst dafür entscheiden, welche Priorität eine Sache für mich hat und was in jenen Zeiten passieren kann, die noch frei sind. Jemand möchte vielleicht ein wichtiges Projekt zum Abschluss bringen und entscheidet sich am Jahresanfang, jede freie Minute damit zu verbringen – und wird schon im Frühsommer fertig. Einer anderen Person ist es wichtig, möglichst viel Zeit mit anderen Menschen zu verbringen, und so plant sie immer wieder Gelegenheiten ein, zu denen sie sie treffen kann. Und hinter einem dritten mag ein kräftezehrendes Jahr 2019 liegen, und er entscheidet sich, im neuen Jahr möglichst wenig Aktivitäten zu planen und nur das zu machen, was ihm im Moment guttut.

Hilfreich bei all den Überlegungen kann die Haltung sein: Nicht der Kalender beherrscht mich, sondern ich beherrsche den Kalender; ich bin der Chef, die Chefin meiner

Zeit. Es mag Zeiten geben, die anspruchsvoll und mühsam sind. Gleichzeitig wird es aber sicher auch Phasen geben, die schön sind und Kraft spenden. All das gehört im Leben dazu, so wie es in der Bibel steht: „Alles hat seine Zeit". Und so gehört eben alles dazu im Leben.

Wer sich jedoch zu Beginn des Jahres darüber klar wird, was für ihn, für sie selbst besonders wichtig und wertvoll ist, der oder die kann auch mit dem umgehen, was nicht besonders ansprechend ist, aber nun einmal zum Leben dazu gehört. Der kann sich dann freuen, wenn die Zeit für das gekommen ist, was man besonders gern macht und schon aus der Vorfreude Energie gewinnen. Der kann auch zwischendurch immer wieder leichter nachjustieren, wenn das persönliche Gleichgewicht aus den Fugen gerät und man vielleicht vor vergnüglichen Terminen und Freizeitstress plötzlich nicht mehr weiß, wann man sich noch um die alltäglichen Aufgaben zu Hause kümmern soll.

Denn es ist ja alles im Blick, was zum Gleichgewicht beiträgt, und nichts muss aufgegeben werden. Alles hat seine Zeit und alles darf seine Zeit haben. Manchmal ist es einfach nur die Frage, wann die Zeit für etwas gekommen ist – und wann etwas anderes auf spätere Zeiten warten muss.

Ein Teufelstier im christlichen Mittelalter

Nach dem 30-jährigen Krieg (1618 – 1648) herrschte die einhellige Meinung, eine zwanzigjährige Katze würde sich in eine Hexe verwandeln und eine hundertjährige Hexe würde wieder zur Katze werden. Dieser Aberglaube, verbunden mit der Ansicht, Hexen würden sich in Katzen verwandeln, um in dieser Gestalt Unheil anzurichten, hielt sich, wie mir mein Großvater erzählte, bis ins Ende des 18. Jahrhunderts hinein. Die Katzen, deren Vorfahren aus Asien stammen, haben sich auf deutschem Gebiet schon in der Zeit vom 3. bis 5. Jahrhundert verbreitet. Sie kamen mit den Römern ins heutige Deutschland und wurden zu Begleitern der germanischen Göttin Freya, deren Wagen sie zogen. Diese Nähe zur heidnischen Göttin der Liebe und Ehe dürfte wohl dazu beigetragen haben, dass die Katze im christlichen Mittelalter (6.Jh. -15. Jh.), in dem das Leben der Menschen in allen Bereichen durch die Religion beeinflusst wurde, als Teufelstier galt. Ihre „furchteinflößenden" geschlitzten Augen, die im Dunkeln phosphoreszierend leuchten und ihre Nachtaktivität trugen ein Übriges dazu bei, sie bei den Menschen unheimlich zu machen. Vor allem wenn ihr Fell schwarz war, hielt man die Katze oft für einen Unglück bringenden Dämon (= vom Bösen befallenes Lebewesen), 1233 erklärte Papst Gregor IX. (1145 – 1241) die Katzen als Teufelstiere. Als Wiedergeburt des Teufels wurden sie von nun an noch gnadenloser verfolgt und getötet als ihre Besitzer. Katzen wurden als Verbindungsmitglied zu den alten heidnischen Religionen gesehen und daher zum Dämon, den der Teufel den Hexen als Hilfsgeist schenkte. Mit Gottesfrevlern und Hexen wurde die Katze in die Hölle verdammt und zum Spielball der Inquisition (= mit großer Härte und grausamen Foltermethoden gegen Gottlose bzw. Abtrünnige vorgehendes Gericht), auf deren Befehl hin unzählige Menschen und noch mehr Katzen durch Feuer, Schert oder auf andere Weise getötet wurden. Wer eine Katze besaß, stand automatisch im Verdacht, mit dem Bösen im Bunde zu sein und auch wer nur für die Katze oder deren Besitzerin, die beschuldigt wurde, eine Hexe zu sein, Partei ergriff, hatte mit dem Tod zu rechnen. Besonders im 16. Und 17. Jh. nahm die Hexen- und damit auch die Katzenverfolgung noch nie da gewesene Ausmaße an. Wie mir mein Lehrer, der Brauchtumsforscher und Baugeschichtler Dr. Ing. Heinrich Winter erzählte, wurden Katzen oft stellvertretend für den Satan in das Fundament von Kirchenbauten eingemauert. Aber auch Verbrennungen von Katzen auf dem Scheiterhaufen sind vielfach belegt. Allerdings dienten solche Spektakel bei Festen und Jahrmärkten oft nur noch der reinen Volksbelustigung.

John F. Kennedy in Hessen

LEBENSERINNERUNGEN AUS ALTER ZEIT

Tief in meine Erinnerungen eingegraben sind jene Tage im Oktober 1962, als die Welt vor dem Abgrund einer atomaren Katastrophe stand. In den Gewässern um den Inselstaat Kuba in der Karibik erwarteten die Amerikaner einen mit Raketen beladenen Frachter aus der Sowjetunion. Hätte er die Blockade durchbrochen, wären Schüsse gefallen und ein Feuer ungeahnten Ausmaßes hätte Millionen Menschen verbrannt. Erstmals wurden die ungeheuren Gefahren eines möglichen Atomkrieges einer breiten Öffentlichkeit bewusst. Ich wartete mit Studienfreunden in jener Nacht auf die aktuellen Nachrichten im Radio: Der Frachter war auf Gegenkurs gegangen. Im Kreml hatte man die tödliche Gefahr im letzten Augenblick erkannt. Die Tatsache, dass ich noch lebe und dass ich meine Enkel erleben darf, ist wohl auch dem taktischen Geschick jenes Mannes zu verdanken, den ich ein Jahr später in Hessen hautnah sehen und erleben konnte: John Fitzegerald Kennedy (1917 - 1963), der 1961 ins Weiße Haus einzog und bis dahin der jüngste gewählte Präsident der Vereinigten Staaten war. Er war Mitglied der Demokratischen Partei und der erste katholische Politiker, der dieses Amt innehatte. John F. Kennedy galt als politischer Erneurer und wurde von vielen - auch in der Bundesrepublik Deutschland - wie ein Popstar verehrt. Umso mehr freute es mich, dass ich am 25. Juni 1963 - es war ein Dienstag - nach

Hanau eingeladen wurde, wo ich mit Tausenden von Menschen an der Bundesstraße 8 stand, auf der der 35. US-Präsident John F. Kennedy im offenen Mercedes, flankiert von Hessens Ministerpräsident Georg August Zinn (1901 - 1976) und Noch-Vizekanzler Ludwig Erhard (1897 - 1977) vom US-Fliegerhorst Langendiebach im heutigen Main-Kinzig-Kreis, nach Frankfurt fuhr, wo ihn mehr als 60 000 Menschen jubelnd erwarteten. Für sie war John F. Kennedy der Hoffnungsträger einer ganzen Generation. In der früheren Freien Reichshauptstadt angekommen, wurde das populäre Staatsoberhaupt von einer unübersehbaren ihm zujubelnden Menschenmenge auf dem Römerberg begrüßt. Die Welt oder zumindest Deutschland blickte auf die Paulskirche, einem historisch symbolträchtigen Ort in Frankfurt, wo der erste Mann aus Amerika dem deutschen Verbündeten seine atlantische Solidarität bekundete. Unter den hiesigen Ehrengästen befanden sich zahlreiche Ministerpräsidenten der Länder und die Fraktionsvorsitzenden im Deutschen Bundestag Heinrich von Brentano (1904 - 1964; CDU/CSU), Erich Ollenhauer (1901 - 1963; SPD) und Erich Mende (1916 - 1998; FDP).Danach trug sich der Ehrengast, neben ihm Oberbürgermeister Werner Bockelmann (1907 - 1968), ins Goldene Buch der Stadt ein. Dann sprach der Präsident zu den Menschen. Er nannte Frankfurt „das vitale Zentrum des neuen freien Deutschlands". Und er erzählte, dass er 1948 als junger Abgeordneter schon mal hier war, in der verheerend zerstörten Main-Metropole, die nun wieder auferstanden ist. Sein berühmtes Zitat „Ich bin ein Berliner" aus seiner Rede vom 26. Juni 1963 vor dem Rathaus Schöneberg in West-Berlin übte er - wie ich erfuhr - wegen der richtigen deutschen Aussprache abends in seinem Übernachtungshotel in der Landeshauptstadt Wiesbaden mit Erfolg ein. Wenige Wochen später, am 22. November 1963, wurde John F.

13

Kennedy in Dallas, von zwei Gewehrschüssen tödlich getroffen. Die Nachricht erreichte mich abends bei einer Ver-
anstaltung im katholischen Pfarrheim in Hering, die sofort
unterbrochen wurde. Millionen Menschen trauerten weltweit um den toten Präsidenten. Auf den Straßen weinten
die Menschen. Kennedys Tod empfinde ich bis heute als
persönlichen Verlust. 1984 habe ich sein Grab auf dem
US- Nationalfriedhof Arlington besucht.

Im Bienenstock gereift

HONIG - DAS ÄLTESTE SÜßUNGSMITTEL DER MENSCHHEIT

Honig gilt als das älteste Süßungsmittel der Menschheit.
Aber auch die heilende Wirkung des Honigs besonders als
Wundverband ist schon seit der vor etwa zweieinhalb Millionen Jahren beginnenden Steinzeit bekannt.
Griechen (600 v. Chr.) und Römer (332 v. Chr.) waren die
ersten, die eine systematische Bienenzucht unterhielten
und Wissen über die betriebsamen Insekten sammelten.
Der schon zu Lebzeiten hoch verehrte Arzt und „Vater der
Medizin" Hippokrates (466 - 377 v. Chr.) wusste von der
fiebersenkenden Wirkung des Honigs und verwendete ihn
zur Wundheilung. In Ägypten fand Honig als Zahlungsmit-
tel Verwendung: ungefähr ein Topf Honig kostete ein Rind
oder einen Esel (3000 v. Chr.).
Honig lässt sich nach Herkunft, Sorte und Art der Gewin-
nung einteilen. Nach Herkunft unterscheidet man Blüten-
und Honigtauhonig. Sammeln die Bienen den Nektar von
Blüten, spricht man von Blütenhonig. Er enthält eine

Vielzahl von geschmacklichen Nuancen. Der Honigtauhonig besteht hauptsächlich aus Honigtau, der auf Nadel- und Laubbäumen klebt. Der würzige Geschmack verrät, wo die Bienen sammeln waren. Die aus reichlich Honigtau bestehenden Blatt- und Waldhonige haben in der Regel eine nicht ganz so hohe Süßkraft wie der Blütenhonig.

Im Bienenstock gereift
Wir kennen alle den süßen Geschmack und die geschmeidige Konsistenz (= Weichheit) von Honig. Doch was ist eigentlich drin in diesem Naturprodukt? In der Honigverordnung (Honig V) wird Honig als „natursüßer Stoff" definiert, „der von Honigbienen erzeugt wird, indem die Bienen Nektar oder Sekrete lebenden Pflanzenteilen befindende Exkrete von an Pflanzen saugenden Insekten aufnehmen." Durch Kombination mit eigenen spezifischen Stoffen wandeln die Bienen diese um. In den Waben des Bienenstocks wird Wasser entzogen, und das Ausgangsmaterial reift zum Honig heran. Dieser wird also nicht nur aus Blütennektar, sondern auch aus den süßen Säften von Tieren und Pflanzen gewonnen, dem Honigtau.
Die Arbeitsbienen (im Sommer bis zu 50 000 Stück pro Bienenvolk) transportieren den Nektar in ihrem Körperinnern in der so genannten Honigblase. Dort wird er mit körpereigenen Säften und Enzymen vermischt, bevor er in die Wabenzelle gefüllt wird. Gleich darauf saugt ihn eine andere Biene wieder ein und vermischt ihn abermals mit ihren Körpersäften. Das Spielchen wiederholt sich so lange, bis der Nektar zu jenem dickflüssigen Saft heranreift, den wir als Honig kennen. Eine Umgebungstemperatur im Bienenstock von etwa 35 Grad hilft dabei, dass Wasser verdunstet und der Honig seine typische Konsistenz erhält. Was die fleißigen Bienen zur eigenen Nahrungsversorgung im Winter in die Wabe befördern, wird zu gegebener Zeit

vom Bienenzüchter (= Imker) entnommen und ausgeschleudert oder abgepresst.

Wertvolle Inhaltsstoffe
Honig besteht zu 75 - 80 Prozent aus Zuckerstoffen. Darüber hinaus enthält er Wasser, Vitamine, Mineralstoffe und verschiedene bioaktive Stoffe. Wissenschaftler gehen davon aus, dass beispielsweise die heilsame Wirkung des Honigs Enzymen zu verdanken ist, die von den Bienen produziert werden. In der Volksmedizin wird Honig als Hausmittel zur Vorbeugung und Behandlung von Erkältungskrankheiten eingesetzt. Es wird ihm zudem eine stärkende Wirkung auf das Immunsystem nachgesagt, die aber nicht wissenschaftlich belegt ist.

Gedenktage

FÜR FAST JEDEN ANLASS IST EIN TAG IM KALENDER RESERVIERT

Kirchliche Fest- und Gedenktage gibt es schon seit Jahrhunderten, Doch im Laufe der Zeit kamen noch viele weitere dazu. In den letzten Jahren begründen vor allem Verbände immer neue Gedenktage, an denen an ein bestimmtes historisches Ereignis oder an eine bedeutende Persönlichkeit von hoher nationaler, staatlicher oder religiöser Autorität erinnert wird. Zum Teil sind solche Gedenktage offizielle nationale Feiertage geworden.
In diesem Jahr 2018 ist beinahe jeder der 365 Tage mit mindestens einer besonderen Bedeutung aufgeladen.

Es gibt Gedenktage für Sparer, Blutspender und Nudelliebhaber, für verlorene Socken, für Sklaven, Putzfrauen und Bauern, für Epilepsie, Menschen mit Down-Syndrom und Rückenleiden. Im Festtagswirrwarr gibt es sogar einen Gedenktag gegen Gedenktage: Der US-Kolumnist Harold Pullmann Coffin soll 1972 den 16. Januar als „National Nothing Day" ausgerufen haben - als Tag, an dem seine amerikanischen Mitbürger einfach da mal sitzen dürfen - ohne irgendetwas zu feiern, eines Ereignisses zu gedenken oder jemanden zu ehren.

Weihnachten, Ostern und Pfingsten gliedern seit Jahrhunderten das Jahr nach dem christlichen Festtagskalender. Drumherum entstand dann der Heiligenkalender, der sich fest mit Brauchtum und Lebensregeln wie dem Bauernkalender verband: Der Siebenschläfertag (27. Juni) gab Orientierung für das Sommerwetter, an Lichtmess (2. Februar) begann die Frühjahrsarbeit und an Martini (11. November) wurden Knechte und Mägde ausgezahlt. Erster Mai, Muttertag, Erntedankfest und Volkstrauertag beanspruchen teil- und zeitweise staatliche Autorität, sind aber nicht ganz so alt wie die kirchlichen Feste. Das war es dann für lange Zeit.

Doch schon kurz nach ihrer Gründung erkannten die Vereinten Nationen das Potential von Gedenktagen. Am 31. Oktober 1947 proklamierte die UNO den ersten „Welttag der Vereinten Nationen", um die Weltorganisation im Bewusstsein der Weltbevölkerung zu verankern. Mittlerweile reicht die Palette der UN-Tage vom Welt-Aids-Tag über den Tag der Muttersprache und den Welttag der Poesie bis zum Weltfernmeldetag, dem Welttoilettentag oder zum Tag der Industrialisierung Afrikas.

Von Diät bis Bier
Auch kleinere Institutionen, Verbände und Vereine proklamieren mittlerweile Gedenktage. Den „Tag der gesunden Ernährung" hat der Verband für Ernährung und Diätetik initiiert, den „Tag der Kriminalitätsopfer" der Weiße Ring. Auch andere Interessengruppen haben Gedenktage ausgerufen. Sie alle haben - anders als der Muttertag, der auf die Privatinitiative einer einzigen Frau zurückgeht - bislang nur wenig Durchschlagskraft. Viel öffentliche Aufmerksamkeit erhält höchstens der „Tag des deutschen Bieres", der jährlich am 23. April an das 1516 erlassene Reinheitsgebot für bayerisches Bier erinnert.
Fest mit dem Januar verbunden ist der „Wirf-Deine-Jahresvorsätze-über-Bord-Tag", der am 17. Januar angesetzt ist. Schließlich ist es 16 Tage nach Jahresbeginn höchste Zeit, die an Silvester erstellte Liste mit den fantastischen Vorsätzen für das neue Jahr zu überprüfen - und meist über Bord zu werfen: mehr Sport machen, gesünder essen, weniger Stress. Vielleicht gehört ja auch der Vorsatz dazu, keine neuen Gedenktage auszurufen.

Die merkwürdigste Pflanze der Welt

DIE ROSE VON JERICHO - DAS WÜSTENWUNDER

Eine Pflanze, die sich zu jeder Jahreszeit, also auch im Winter, aus einer braunen und vertrockneten Knolle (siehe Bild) in ein grünes Wunder verwandelt, ist die Rose von Jericho.Sobald man sie in Wasser legt, rollt sie sich auseinander und wird dunkelgrün. Dieser Vorgang lässt sich

18

beliebig oft wiederholen. Die Pflanze wird deshalb auch „Auferstehungspflanze" genannt. In einer Legende zur Flucht von Maria und Josef nach Ägypten heißt es, dass die Rose von Jericho am Rand des Weges wuchs, den die Fliehenden entlanggingen.

Die Rose von Jericho wurde zuerst von den Kreuzrittern (zwischen 1095 und dem 13. Jahrhundert) und später von den Pilgern, die Wallfahrten in das Heilige Land unternahmen, nach Europa gebracht und als heilige Pflanze verehrt. Die „tote" Rose dient dem Schub der Samen, die in der Natur nach einem kräftigen Regenguss sofort zu keimen beginnen.

Aufgrund ihrer ungeheuren Lebensenergie hält sie sich im trockenen Zustand - sie ist dann wirklich tot - über Jahrhunderte, ohne jemals wirklich abzusterben. Es braucht immer nur etwas Wasser, um sie zu neuem Leben zu erwecken.

Die Rose von Jericho ist keine Rose im botanischen Sinne. Die Namensgebung kommt eher daher, dass man früher alle Pflanzen, die man als wertvoll erachtete, den Namen Rose verliehen hat.

Nach altem Brauch lässt man die Wüstenpflanze zu Weihnachten und Ostern aufblühen und führt dann das Phänomen den erstaunten Kindern vor. Nicht nur aus diesem Grund ist sie ein ideales Geschenk, das ich meinen Kindern schon im Grundschulalter unter den Christbaum legte. Eine gute Idee ist es auch, in ihr ein kleines Präsent zu verstecken (zum Beispiel einen Ring), das, wenn man sie wässert, zum Vorschein kommt. Unsere Vorfahren haben die Rose von Jericho an hohen Feiertagen „erweckt". Es hieß, dass in einem Haus, in dem die heilige Pflanze aufbewahrt wird, Glück und Segen herrschen, Reichtum einkehren und die Bewohner besonders geschützt sein sollen.

Die Rose von Jericho stammt aus den Wüstengebieten Israels und Jordanien. Sie vererbt sich bei uns von Generation zu Generation.

Die mystische Pflanze, die niemals stirbt, ist schon in der Bibel erwähnt. Die Jungfrau Maria soll sie auf der Flucht von Nazareth nach Ägypten gesegnet und ihr ewiges Leben auf der Erde verliehen haben.

Vielleicht ist es auch nicht nur ein seltsamer Zufall, dass man die Rose von Jericho in Ägypten „Handballen der Maria" nennt, und dass sie in Algerien (= Staat im Nordwesten Afrikas) unter dem Namen „Hand der Fatima, Tochter des Propheten" bekannt ist.

Die Beduinenfrauen weichen sie ein und trinken den Sud, um von Krankheiten zu heilen oder um eine leichte Geburt zu erzielen.

Die Rose von Jericho ist eine wundersame Wüstenpflanze und das merkwürdigste Gewächs der Welt. Mit ihren weißen Spitzen ist sie ein originelles Deko-Objekt auch zur Weihnachtszeit.

Die Auferstehungspflanze, die niemals stirbt: Die Rose von Jericho.

Erinnerungen an Hausschlachtungen

Mit einem Strick wird das Schwein aus dem Stall gezerrt. Während es herzzerreißend quiekt, klackt das Bolzenschussgerät. Dumpf. Und dann liegt es da, das Schwein. Auf dem blanken Betonboden zwischen Stall und Misthaufen. Noch zuckt es, doch in wenigen Minuten wird es ein Schwein weniger geben auf dem Bauernhof meiner Eltern. Dafür wird mein Großvater Anton Tippmann, ein gelernter Metzgermeister, mit den Messern schon sorgen. In Gummistiefeln und einer langen weißen Lederschürze steht er über dem Schweinekörper, dessen Brustkorb sich noch hebt und senkt. Er wetzt seine blitzenden Metzgermesser. Um zu prüfen, ob diese ihre Aufgabe auch zuverlässig verrichten können, fährt er sich mit der 35 Zentimeter langen Klinge über den Unterarm. Die Härchen fallen, es kann losgehen mit der Knochenarbeit.

Mein Großvater setzt zum Schnitt an den Hals an, schnell schiebt meine Mutter die große Blechschüssel unter den Einstich und fängt das Blut auf. Ihr Vater, der Hausmetzger, hilft beim Ausbluten, indem er die Vorderbeine immer wieder spreizt und zusammenführt. Der Blutkreislauf muss zirkulieren, um das Schwein komplett verwerten zu können. Deshalb darf das Tier nur betäubt werden. Und es soll vom Schlachtvorgang nichts mitbekommen.

21

Das Blut dampft, riecht süßlich und ist die Basis von Blut-
wurst und Schweinepfeffer. Das Tier zuckt und schlägt
noch einmal mit den Hinterhufen aus. Dann, nach einer
gefühlten Ewigkeit, zuckt es nicht mehr. es ist vorbei. Für
das Schwein. Für meinen Großvater und meinen Eltern
fängt die Arbeit jetzt erst an.

Diese Erinnerungen an die Hausschlachtungen auf dem
Bauernhof meiner Eltern haben sich tief im Gedächtnis ei-
nes jeden verankert, der eine Hausschlachtung miterlebt
hat. Das Schreien der Sau, der Anblick, wenn sie in die
Wanne gewuchtet, mit heißem Wasser übergossen und die
Borsten abgeschabt werden. Wenn das Schwein mit der
Kette noch oben gezogen, ausgenommen und zerteilt wird.
Schlachten ist nichts für zarte Gemüter.

Der schöne Teil an der Geschichte: Die ganze Familie findet sich beschürzt in der Küche versammelt ein, wo die
Grieben für die Wurst geschnitten, der Schweinepfeffer gerührt und das Wellfleisch gekocht wird.

Auch wenn sich der Schlachtvorgang brutal anhört, für
das Schwein selbst war die Hausschlachtung ein Segen.
Gerade noch den Rüssel im Trog und schmatzend altes
Brot und gekochte Kleie gefüttert, waren es keine 20 Meter
zum Schlachtplatz. Zwischen der Abholung aus dem Stall
und dem Einsatz des Bolzenschussgerätes vergingen meist
keine 10 Minuten. Das Schwein hatte einen Namen. Auch
wenn es klar war, dass sein Lebensweg überschaubar sein
würde. So ging es eben zu auf dem Bauernhof. Zweimal
pro Woche gab es früher Fleisch im Wochen-Speiseplan
meiner Mutter. Sonntags Schweinebraten mit Knödel,
mittwochs Bratwurst mit Kartoffelsalat. Wir aßen bewusst,
schließlich kannten alle das Schwein. Und das Töten
machte keinen Spaß. Heute segnet kaum ein Schwein das
Zeitliche noch daheim. Für viele Landwirte lohnt sich die
Schweinemast schon lange nicht mehr. Hiesigen Tieren

geht es trotzdem noch gut. Der Transport zum Schlachthof nach Brensbach im Odenwaldkreis ist zwar stressig, doch zeitlich überschaubar. Andere Tiere werden dagegen quer durch Europa gekarrt, weil Schlachten in Osteuropa um ein Vielfaches billiger ist als in der Region. Eine Sauerei - zulasten der Schweine. Auch wenn mir der Schrei der Sau noch heute im Ohr hallt, Fleisch esse ich gern. Dafür muss ein Tier sterben, das ist mir bewusst. Aber wenn es schon stirbt, dann am liebsten mit dem geringsten Stress. Und aus der Hand des Metzgers meines Vertrauens. Beim verpackten SB-Fleisch im Supermarkt ist das Tier weit weg - und der Bauer meistens auch.

Alles begann mit einer Hinrichtung

HISTORIE: BEWEGTE GESCHICHTE DES 14. FEBRUARS

Valentin, ein Priester aus Terni in Umbrien (Italien), später als Märtyrer heiliggesprochen, wurde am 14. Februar 269 n. Chr. hingerichtet, weil er ein Paar christlich traute. Dieses war damals im Römischen Reich, sogar jedes christliche Handeln verboten. Schon (oder erst) ab 303 wurde das Christentum geduldet und 311 sogar zur Staatsreligion proklamiert. Valentin war somit einer der späten Märtyrer des Römischen Reiches (753 v.Chr. - 476 n. Chr.) Verschiedene Erzählungen geben wieder, dass Valentin einen Blumengarten hatte und vorbeikommende Paare mit Blumen beschenkte. Frühe kirchliche Aufzeichnungen deuten darauf hin, dass er bereits im 4. Jahrhundert von der

Kirche geehrt worden ist. Aber wahrscheinlich nur deswegen, um heidnische Festtage zu christianisieren, wo doch am gleichen Tag Lupercalia gefeiert wurde, ein Tag an dem man Juno/Hera ehrte, Juno war Gattin des höchsten Gottes Jupiter und war Beschützerin der Ehe. Es soll schon zuvor üblich gewesen sein, der Gattin Blumen zu schenken. Die Kirche war bemüht, heidnische Feiertage, wenn möglich nicht zu bekämpfen, sondern in ihrer Religion zu integrieren. So war Valentin der ideale „Ersatz" und wurde schnell in den christlichen Kalender übernommen. Aus diesem Zweck bezweifeln viele überhaupt die Existenz von Valentin.

Im 13. Jahrhundert vermehrten sich dann konkrete Valentinsbräuche. So sollte zum Beispiel ein Mädchen denjenigen heiraten, der ihr am Morgen des 14. Februars als erster über den Weg läuft. Natürlich ließen die Jungen den Brauch nicht dem Zufall und besuchten ihre Auserwählten am frühen Morgen mit einem Blumenstrauß.

Im Jahre 1415 soll der Herzog von Orleans seiner Gattin laufend Liebesbekundungen geschickt haben. Er gilt als Begründer des heutigen Valentinstags. Spätestens im 17. Jahrhundert war die Valentinskarte (= Bote inniger Zuneigung) weit verbreitet. In Deutschland wurde Valentin erst nach dem Zweiten Weltkrieg durch die Besatzungsmächte bekannt und erst in den Sechzigern durch die Blumenbranche beworben. Jedoch hat Valentin bis heute nicht so eine große Wichtigkeit wie in anderen Ländern. Eine leicht übertriebene Bedeutung hat der Valentinstag in den USA, wo es sehr schlimm für den Ehemann ist, wenn er den Valentinstag vergisst und seine Gattin nicht beschenkt.

Erinnerungen an die weiße Pracht

„Weißt du noch damals, die Winter, in denen der Schnee hüfthoch neben der Straße lag? „Kannst du dich noch daran erinnern, auf zugefrorenen Weihern Schlittschuh gelaufen zu sein?" Solche Fragen hört man oft, wenn ältere Menschen miteinander plaudern und dabei an alte Zeiten zurückdenken. Die Erinnerungen an frühere schneereiche und frostige Winter sind oftmals sehr präsent und man erzählt gern darüber.

Die Wintertage waren wunderschön. Frau Holle hatte die Landschaft im Odenwald mit einer dicken, weißen Schneedecke überzogen. Wir Kinder gingen in den Spuren derjenigen, die sich bereits vor uns durch den tiefen Schnee kämpften und trotzdem reichte der Schnee bis an die Knie. Im Straßenbereich gab es zwei Fahrspuren von den wenigen Autos, die vorbeigefahren waren. Es gab nur wenige motorbetriebene Fahrzeuge, die dazumal auf der Straße zu sehen waren, vor allem war es das Postauto und einige Lastautos, welche die Geschäfte belieferten. Natürlich nicht zu vergessen, die Straßenwärter, die zu dieser Zeit in ihrem Bezirk die Aufgabe hatten, mit dem meist von Pferden gezogenen Schneepflug die Straßen von der weißen Pracht zu befreien. Die Äste der Bäume, mit Schnee beladen, neigten sich weit auf die Fahrbahn. Ein ganz dumpfes Knirschen des zusammengepressten Schnees verriet, dass

Menschen sich den Weg durch diese weiße Winterlandschaft bahnten.

Zurzeit haben wir Februar, und noch immer ist kein Schnee in Sicht. Schade finde ich das für die Kinder. Vor vielen Jahrzehnten war ich ja auch mal Kind und ich erinnere mich noch sehr gut, wie viel Spaß wir alle an der weißen Pracht hatten. Und das Wort Pracht ist da keine Übertreibung.

Wochenlang konnten wir Schlitten fahren und Schneemänner bauen. Einmal bauten wir sogar ein Iglu (= kuppelförmiges Schneehaus, das Eskimos als Schutzhütte nutzen), ziemlich professionell sogar. Wir bildeten aus Schnee die Form von großen Backsteinen nach, gossen Wasser darüber und ließen sie in der Kälte liegen bis sie sich ganz in Eis verwandelt hatten. Danach stapelten wir die „Eissteine" in einer Weise, dass unser Gebäude nach und nach die Form eines Iglus annahm. Mit frischem Schnee füllten wir die Fugen und gestalteten ein einigermaßen rundes Dach, eine Kuppel. Nicht beachtet hatten wir, dass das Iglu aufgrund seiner Größe maximal zwei Kinder aufnehmen konnte, was uns den Spaß aber nicht genommen hat.

Zum Schlittenfahren- nur wenige Kinder hatten damals schon Ski – mussten wir nicht Hunderte von Kilometern mit dem Auto oder der Bundesbahn fahren, sondern nur ein paar Schritte bis zur nächsten abschüssigen Wiese gehen. Hatte die Natur nicht von selbst für eine Schanze gesorgt, dann bauten wir eben selbst eine, indem wir das vom Iglubau bekannte Verfahren – Wasser über den Schnee zu gießen – anwandten.

Leider aber gab es immer wieder Kinder, die auf diese Weise auch ihre Schneebälle formten, was Schneeballschlachten von einer fröhlichen schnell zu einer schmerzhaften Angelegenheit werden ließen.

Die Autofahrer waren übrigens schon damals fast durchweg Bedenkenträger. Man muss ihnen allerdings zugutehalten, dass eine Fahrt vom Otzberg nach Groß-Umstadt aufgrund noch nicht ausgereifter Technik zum Himmelfahrtskommando werden konnte.

Und wenn ich heute von den weißen Wintern meiner Kindheit schwärme, werde ich wahrscheinlich von einer verzerrten Erinnerung genarrt. Wie ich nämlich vom Deutschen Wetterdienst in Offenbach erfuhr, sind in den letzten 200 Jahren die Winter immer so gewesen wie in der heutigen Zeit.

Die Narretei ist jetzt vorbei

BIS BALD, AM 11.11.

Aschermittwoch - alles vorbei. Die einen haben diesen Tag gefürchtet, wie der Teufel das Weihwasser, die anderen machen drei Kreuze, dass das närrische Treiben sein (vorläufiges) Ende hat. Zu bunt, zu laut, zu schrill, zu grell, zuviel Humba und zuviel Täterä sagen jene, die mit Fastnacht nichts am Hut haben. Sicher, man kann es so sehen.

Aber ist es nicht faszinierend, wie sich ein uralter Brauch - wenn auch unter immer wieder geänderten Vorzeichen - jedes Jahr erneut erfindet? Gerade auch in unserer Region, in Groß-Umstadt, in Otzberg, und Dieburg sowie im gesamten Odenwald, wo sich nicht nur in den Kerngemeinden, sondern auch in vielen kleinen Ortsteilen

Vereine und Vereinigungen bereitfinden, Sitzungen oder Kostümbälle zu veranstalten. Was oft so leicht daherkommt, das ist mit einer Menge Arbeit verbunden. Wer fragt sich schon, wie viel Trainingsfleiß dazu gehört, um einen Tanz aufzuführen, der nur wenige Minuten dauert? Wer hat schon mal darüber nachgedacht, wieviel Zeit man investieren muss, um einer Büttenrede den letzten Schliff zu geben und sie dann auch noch vor Hunderten von Menschen vorzutragen? Nicht zu vergessen die vielen fleißigen Helferinnen und Helfer hinter der Bühne, die ebenfalls dafür sorgen, anderen einige unbeschwerte Stunden zu ermöglichen. In dem bunten Treiben wird auch leicht übersehen, wie viele Menschen im Hintergrund stehen, um die Sicherheit der Feiernden zu gewährleisten: zum Beispiel die Feuerwehr und die Sanitäter. Man sollte meinen, dass der Dienst dieser Menschen an der Gesellschaft generell von hoher Wertschätzung getragen würde - das scheint jedoch immer weniger der Fall zu sein. Auch der Dienst der Reinigungskräfte, die nicht nur in diesen Tagen für Sauberkeit in den Vereinsheimen und anderen Räumlichkeiten unserer Dörfer und Städte sorgen, soll nicht unerwähnt bleiben.

Überall finden sich diese Menschen - vom Kind bis zum Senior - bereit, ihre Freizeit zu opfern, um Fastnacht zu dem zu machen, was sie heute ist. Ein überwiegend lustiges Tohuwabohu, bei dem trotzdem auch immer wieder den Großkopferten der Spiegel vorgehalten wird. Dabei müssen die Vortragenden beachten, dass die Fastnacht versöhnlich bleibt und die gegeißelten Betroffenen noch darüber lachen können. Bunt, schrill, laut - man muss das alles nicht mögen. Aber all jenen, die diese Tradition pflegen und fortführen, die Sitzungen und Maskenbälle veranstalten, möchte ich, der ich früher dem Elferrat des SV 49 Hering angehörte und mit meinem Sohn viele Büttenreden vortrug, für die kommende fastnachtslose Zeit gute Vorbereitungen und eine große Vorfreude auf die nächste Kampagne wünschen. Vor allem möchte ich ihnen sagen: Ich ziehe meinen Hut vor Euch! Bis bald am 11.11.

Fastenzeit

NICHT NUR VOR OSTERN WURDE GEFASTET

Wir befinden uns in der vorösterlichen Fastenzeit, auch Bußzeit genannt, die am Aschermittwoch beginnt und die 40-tägige Vorbereitung auf das wichtigste Fest der Christen, nämlich Ostern, beschreibt. Sie ist erst ab dem 4. Jahrhundert nachzuweisen. Waren es zunächst vor allem die öffentlichen Sünder, die nach einer 40 tägigen Fast- und Bußzeit am Gründonnerstag wieder zur Kommunion zugelassen wurden sowie die Katechumenen (= Taufbewerber) , die sich auf ihre Taufe in der Osternacht vorbereiteten, so sind es seit dem 5. Jahrhundert alle Gläubigen, die zu einer gewissenhaften Vorbereitungszeit auf das Osterfest aufgerufen sind.
Im Mittelalter (ca. 6. -15. Jahrhundert) beschränkte sich das Fasten nicht nur auf die 40 Tage vor Ostern. Auch der Advent war eine Buß- und Fastenzeit, dazu fast alle Freitage sowie die drei Bettage vor Christi Himmelfahrt und die Vorabende der Heiligenfeste. Unterm Strich waren zeitweise an rund 150 Tagen im Jahr nur Fisch und Gemüse erlaubt, teilweise sogar Milch und Eier als „flüssiges Fleisch" verboten.

Harte Strafen
Zuwiderhandlungen gegen die mittelalterlichen Fastenge-
bote wurden bestraft. Von Stockschlägen über Einsperren
bei Wasser und Brot bis zum Ausreißen der Zähne reichte
das Spektrum. Es war damals üblich, den Körperteil, der
gesündigt hatte, zu bestrafen. Die armen Leute, die Kraut-
und Rübenfresser, wie man sie nannte, dürfte das allerdings weniger gestört haben. Herrenspeisen wie Fleisch o-
der Wild kamen bei ihnen ohnehin nicht auf den Tisch.

Das Fräulein ist tot!

Vor genau 60 Jahren wurde die Anrede „Fräulein" abgeschafft. Damals hob Bundesinnenminister Dr. jur.
Gerhard Schröder (CDU) den preußischen und nationalso-
zialistischen Bezugserlass auf und verfügte, dass in amtli-
chen Schreiben jede weibliche Person, die das wünsche,
mit „Frau" bezeichnet werden müsse. Ich empfand in einem von ARD aufgezeichneten Interview die förmliche Anrede „Fräulein" für unverheiratete Frauen, gleich welchen
Alters, als diskriminie-
rend. Es gibt ja auch
kein Herrlein. Und wa-
rum soll ein Mann
komplett sein, wie er
ist, während das weib-
liche Wesen erst durch
den Stand der Ehe er-
wachsen wird?

Basen und Weiber

Es gibt Wörter, die verschwinden einfach so, ganz still und leise. So dürfte manch jüngerer Zeitgenosse zwar über Basen in der Ernährung Bescheid wissen, aber nicht mehr um die besondere, alte Verwandtschaftsbezeichnung für die Cousine - obwohl sich das männliche Pendant, der Vetter (auch jener von Dingsda), sprachlich wacker im Umgangsdeutsch und auch in der Sprache behauptet. Andere Begriffe sind zwar allerseits bekannt, werden aber kaum genutzt, weil sie im Laufe der Jahrhunderte einen Negativwandel erlebt haben. Und deshalb käme wohl niemand auf die Idee, die Angetraute eines Freundes als „Weib" zu bezeichnen - obwohl die ursprüngliche Wortbedeutung just Ehefrau meinte. Heutzutage verbinden wir mit dem Einsilber unrühmliche Eigenschaften. Beispielsweise im Sinne eines Hausdrachens. Sozusagen die deutsche Variante der zänkischen Xantippe. Allerdings tut sich Wunderbares zur Fastnachtszeit, beim Endspurt der tollen Tage. Da setzt das Weib zum Rollenwechsel an. Nicht nur sprachlich. Altweiberfastnacht ist Kult. Auch bei jungen Frauen. Zumal „Weiber" am schmutzigen Donnerstag für frühe Emanzipation stehen: Schließlich haben sich anno 1824 Wäscherinnen von Beuel (heute Bonn) in einer Kneipe getroffen, weil sie es leid waren, dass ihre Ehemänner munter Karneval feierten, während sie daheim schufteten. Von der Aufmüpfigkeit der einstigen Wasch-Weiber kündet das

Schnipp-Schnapp-Ritual beim Abschneiden von (Männer-
) Krawatten. Am letzten Donnerstag war es wieder soweit.
Da drehten die (linguistisch verpönten) Weiber voll auf. Es
war wunderbar!

„Ist noch alles in Butter?"

REDEWENDUNGEN

So ziemlich jeder dürfte den Begriff „Butterberg" als Syno-
nym (= gleichbedeutender Ausdruck) für Überproduktion
kennen. Dass bei unseren Urgroßeltern die Situation eine
gänzlich andere war ist im kollektiven Gedächtnis sozusagen „untergebuttert" worden.
Bei der Lektüre eines alten Nostalgie-Kochbuchs, dessen
Original noch aus der Zeit mit Loth (1 Loth = 16,666 g, ab
1858) statt Gramm als Mengenangabe stammt, reibt man
sich erstaunt die Augen. Das Werk für „den einfachen
Tisch und die feine Küche" warnt vor Butter-Betrug. Will
heißen: vor fein gesiebtem „Gyp" (= Gips, lateinisch: gyp-
sum) oder geschabter Kreide. Deshalb solle die Hausfrau
stets ein Stückchen Butter auf Fließpapier zergehen lassen - weil dabei eventuelle Beimischungen zurückbleiben.
Nur gut, dass wir uns heutzutage die (Qualitäts-) Butter
nicht durch Panscher „vom Brot nehmen lassen", dürfte
jetzt einigen durch den Kopf gehen. Von wegen! Das „weiße
Gold" ist heute zwar „gips-frei", aber dafür wird es (vorwiegend in osteuropäischen Molkereien) gern mal mit Palmöl
gestreckt.

Es gibt aber auch hochlöbliche Tricks! Beispielsweise kamen italienische Händler im Mittelalter (6. - 15. Jahrhundert) auf die Idee, das so kostbare wie zerbrechliche Gut vor ruckeligen Alpen-Transporten mit flüssiger Butter zu übergießen. Damit waren die Gläser sicher „verpackt", als die Butter abgekühlt und fest geworden war. Jetzt konnte ihnen bei dem Gerumpel auf dem Wagen nichts mehr passieren. Fiel dann doch mal ein Fass von der Kutsche, blieben die Gläser dann heil.

Dieses Prinzip wendete auch der Adel an. Wenn dieser von Hofsitz zu Hofsitz zog, musste immer der ganze Hausrat mit und die wertvollen Porzellane und Gläser wurden in Butter eingelassen. Am Ziel angekommen, war die erste Frage „Ist noch alles in Butter?"

Den genialen Schutzpanzer, der sich beim Erkalten des Streichfettes bildete, haben zwar längst Verpackungsstyropor und Luftpolsterkissen abgelöst, aber die köstliche Redewendung „Alles in Butter" (= alles ist in Ordnung) ist weiterhin in aller Munde geblieben. Wie die Butter, die wir „bei die Fische geben" (=Aufforderung, Klartext zu reden, die Wahrheit zu sagen) - ebenfalls verbal.

Nur ist das aus Milch gewonnene Produkt heutzutage „längst nicht mehr für ein Butterbrot zu haben", wie die schon vor einiger Zeit deutlich gestiegenen Preise dokumentieren.

Zeitumstellung

Sie wissen sicher was in der Nacht zum Sonntag passierte. Ich räume ein, ich hätte es wieder vergessen, wenn sich nicht meine Stammtischbrüder beim letzten Treffen gerade so intensiv über den Unsinn der Zeitumstellung ereifert hätten. Was Hänschen nicht lernt, lernt Hans nimmermehr. In der Tat bescherte mir die erste Sommerzeit 1980 eine geradezu traumatische Erfahrung. Seinerzeit verbrachte ich mit meiner Familie einen verregneten Urlaub in Frankreich. Am Tag nach der Zeitumstellung wurden wir abends mit den Worten „en Lit" (= „ins Bett") wieder aus einer Creperie (= Laden, in denen kleine , dünne Pfannkuchen (= Crepes) verkauft werden) herauskomplimentiert, weil wir fürs ländliche Frankreich zwei Stunden zu spät zum Essen kamen. Wir hatten die Uhr in die falsche Richtung gedreht und mussten hungrig der Aufforderung des Wirtes folgen.

Probleme habe ich immer wieder aufs Neue mit der Frage, ob das Vorstellen der Zeit früheres Licht am Morgen oder längere Helligkeit am Abend bringt. Dabei reicht für eine Antwort auf diese Frage ein Blick auf die hanebüchene Begründung der Sommerzeit. Es ist natürlich abends länger hell, damit wir unsere Lampen nicht solange brennen lassen müssen. Die Väter der Sommerzeit konnten ja nicht wissen, dass der Stromverbrauch für die häusliche

Beleuchtung im Zeitalter des LED-Lichtes keine wirkliche Bedeutung mehr hat.

An der Uhr wurde übrigens auch in früheren Zeiten schon gedreht. Die letzten Jahre des Ersten Weltkrieges (1914 - 1918) und nahezu die ganze Zeit des Zweiten Weltkrieges (1939 - 1945) wurden die Uhren in Deutschland im Sommer vorgestellt - um mehr energiesparendes Tageslicht für die Kriegsproduktion zu haben. Da können wir uns ja heute glücklich schätzen, dass wir an unseren langen Sommerabenden nicht auch noch Kanonenkugeln drehen müssen.

MEHR WILDUNFÄLLE DURCH ZEITUMSTELLUNG

Mit der Zeitumstellung nimmt die Gefahr von Wildunfällen rapide zu. Demnach verursachen Rehe über 90 Prozent der Kollisionen. Da die Uhren um eine Stunde vorgestellt worden sind, verschiebt sich die Dämmerungsphase in den morgendlichen Berufsverkehr - das Risiko für Wildunfälle steigt erheblich. Durch die deutlich längere Tageslichtzeit stellt sich der Stoffwechsel der Wildtiere vom winterlichen „Sparbetrieb" auf einen erhöhten Nahrungsbedarf um, die Tiere nehmen deutlich häufiger Nahrung auf. Frisches Grün lockt die Tiere hinaus auf die Wiesen und Felder. Die zurückgelegten Wege werden länger und Straßen häufiger überquert. Im Frühjahr lösen sich zudem die „Notgemeinschaften" - die sogenannten Wintersprünge - auf. Junge Rehböcke sind dann auf sich allein gestellt und suchen nach einem eigenen Revier. Sie liefern sich mit älteren Rehböcken erbitterte Kämpfe. So können auch tagsüber Wildtiere unvermittelt auf die Fahrbahn laufen.

Weißer Sonntag

DIE FARBE WEIß DOMINIERT AUCH HEUTE NOCH DEN TAG DER ERSTKOMMUNION

Ursprünglich galt der erste Fastensonntag als *Weißer Sonntag*, weil in Rom an diesem Tag erstmals die Täuflinge in weißen Kleidern zur Kirche zogen. Heute ist *Weißer Sonntag* die Bezeichnung des ersten Sonntags nach Ostern, weil in der alten Kirche die Täuflinge am Vortag oder an diesem Sonntag zum letzten Mal ihr weißes Taufkleid trugen. Die heutige Bedeutung als Tag der feierlichen Erstkommunion der Kinder hat der *Weiße Sonntag* erst nach dem Konzil von Trient (1545 - 1563) gewonnen. Das IV. Laterankonzil 1215 hatte das Alter für den ersten Empfang der Kommunion nicht genau festgelegt. Regional unterschiedlich schwankte das Alter der Erstkommunikanten zwischen sieben und vierzehn Lebensjahren. Vorbereitung und Festsetzung des Termins waren dabei Sache der Eltern. Nach dem Konzil von Trient nahmen sich vor allem die Jesuiten der Erstkommunion an. Neben einer gemeinsamen Vorbereitung und Feier sollte das Fest nicht durch die österliche Pflichtkommunion der Erwachsenen beeinträchtigt werden. Deshalb wurde der *Weiße Sonntag* zum Tag der Erstkommunion: 1661 zum ersten Mal in München. Seit Mitte des 19. Jahrhunderts ist der *Weiße Sonntag* als Tag der feierlichen Erstkommunion festgesetzt, wovon es aber nach diözesanem Recht inzwischen begründete Ausnahmen gibt. Die Kommunionkinder nahmen die formale Tradition der Täuflinge als *Bräute Christi* und *Engel* auf. Die Buben werden parallel als *Bräutigam* in einen dunklen Anzug gekleidet. Während der Aufklärung und während der Naziherrschaft wurde der *Weiße Sonntag* zu einem Tag des öffentlichen Glaubensbekenntnisses. In der Gegenwart besteht in manchen Fällen die Gefahr, dass die Gestaltung des Festes wichtiger wird als sein Anlass.

Schwarzer Glücksbringer

DER BERUF EINES SCHORNSTEINFEGERS IST TRADITIONSREICH UND BELIEBT

Sie steigen ihren Kunden aufs Dach, haben Zugang zu jedem Haus und überbringen auch manchmal teure Nachrichten. Trotzdem zaubert ihr Anblick vielen Menschen ein Lächeln ins Gesicht. Begegnet man den Männern und Frauen in Schwarz, stellt sich oft unvermittelt das Bedürfnis ein, an den goldenen Knöpfen ihrer Jacken zu drehen oder ihnen die Hand zu schütteln. Das soll schließlich Glück bringen.

Historische Gründe
Warum das so ist, wissen wenige. Sobald die Menschen ihre Feuerstellen in die aus Holz und Strohdächern bestehenden Häuser verlegten und Schornsteine für den Rauchabzug bauten, stieg auch die Feuergefahr. Durch schlechte Verbrennung bildete sich sogenannter Glanz- oder Hartruß in den Kaminen, der zu einem tragischen Brand und im schlimmsten Fall zur Vernichtung ganzer

Straßenzüge führen konnte. Trat ein Schornsteinfeger jedoch über die Schwelle eines Hauses, wussten die Bewohner, dass er den gefährlichen Ruß entfernen und ihr Heim dadurch nicht den Flammen zum Opfer fallen würde. Sie hatten Glück.

Namentlich genannt wurde der wahrscheinlich aus Italien kommende Beruf des Schornsteinfegers erstmals im 13. Jahrhundert. Zwar handelt es sich heute nicht mehr um einen mobilen Berufsstand, der von Stadt zu Stadt zieht, aber die Reinigung von Schornsteinen und Kehrarbeiten gehören immer noch zu den Aufgaben eines Schornsteinfegers. Inzwischen fallen aber auch Emissionsmessungen, vorbeugender Brandschutz, Energieberatung, Feuerstättenschauen und die Überprüfung von Heizungsanlagen in ihren Tätigkeitsbereich.

Das Besondere an ihrem Beruf ist unter anderem auch das traditionelle Bild, das sie in der Öffentlichkeit abgeben. Die schwarze Kleidung mit den goldenen Knöpfen, mit der Bürste über der Schulter und den Zylinder auf dem Kopf sind untrennbar mit dem Berufsstand verknüpft. Warum ein Zylinder zur traditionsreichen Kleidung eines Schornsteinfegers gehört, ist jedoch nicht zweifelsfrei überliefert. Eine These lautet, dass die Kopfbedeckung aufgrund ihrer Form den Träger vor Stößen schützen soll.

Es gibt jedoch noch eine andere Geschichte, die erzählt, dass ein Schornsteinfeger einst einen englischen Adeligen aus einem brennenden Haus rettete. Als Dank verlieh ihm der Geborgene das Recht, einen Zylinder zu tragen, was sonst nur Edelmännern erlaubt war.

Bemerkenswert ist - wie man mir erzählte - das Vertrauen, das die Kunden dem Schornsteinfeger entgegenbringen. Sie sehen viele Dinge, erfahren von vielen Schicksalen und begegnen auch einsamen Menschen während ihrer Arbeit. Sie müssen sich dann auch mal Zeit nehmen und sich die

Geschichten der Leute anhören. Die Menschlichkeit ist wichtig in diesem Beruf.

Einsatz für Kinder

In besonderem Maße engagiert sich der Berufsstand für Kinder. Das liegt auch daran, dass im 18. und 19. Jahrhundert kleine, magere Kinder im Alter zwischen 6 und 8 Jahren gezwungen wurden, in die Schornsteine zu klettern und sie zu säubern. Es handelte sich dabei um Waisen oder um Kinder, die ihren Familien abgekauft wurden. Um Wiedergutmachung zu leisten und der Kinder zu gedenken, die aufgrund ihrer unfreiwilligen Arbeit und Unterernährung (sie mussten ja für ihren Einsatz schmächtig sein) verstorben sind, treffen sich Schornsteinfeger, die auch als Kaminfeger bezeichnet werden, aus aller Welt jährlich vom 3. bis 6. September im norditalienischen Ort Santa Maria Maggiore. Hier gibt es auch zur Erinnerung an diese Kinder ein Kaminfegerdenkmal und ein Kaminfegermuseum. Dem Motto des Schornsteinfegerhandwerks entsprechend - „Einer für alle, alle für einen" - legt manch ein Schornsteinfeger seit 2006 einmal im Jahr seine schwarze Arbeitskleidung ab und schlüpft stattdessen in ein Fahrradtrikot, um auf der bundesweiten „Glückstour" für kranke Kinder in die Pedale zu treten. Diese Aktivität zählt zu den größten privaten Hilfsaktionen in Deutschland. Bisher wurden damit über 1,8 Millionen Spendengelder für krebskranke Kinder gesammelt.

Streusel- oder Riwwelkuchen?

Soll man beim Bäcker eigentlich Streusel-, Krimmel- oder Riwwelkuchen kaufen? – Die Antworten auf diese Frage fallen in unserem Hessenland von Landstrich zu Landstrich verschieden aus. In Deutschland sprechen noch heute viele Menschen so, wie ihnen der Schnabel gewachsen ist: in ihrer eigentlichen Muttersprache, dem Dialekt. Das Hochdeutsch lernen die meisten erst in der Schule. Deutschland gehört sicher zu den Ländern der Welt mit auffallend vielen Dialekten.

Dialekt zu sprechen – vor allem in der Schule – galt vor nicht langer Zeit noch als unmöglich. Leute, die Dialekt sprachen, sah man als „sprachlich behindert" an. Tatsache ist, dass sich im Laufe der Jahre die Dialekte stark gewandelt haben: Was einem Dreißig- bis Vierzigjährigen heute als „Dialekt scheint", sahen seine Eltern und Großeltern noch als Hochdeutsch an, In Hessen entwickelt sich derzeit eine neue Form des Hessischen; das neue Sprachgebiet ist identisch mit dem Weg der Pendler aus den ländlichen Räumen in die Städte.

Auffallend ist, dass die Menschen auf dem Land häufiger Dialekt sprechen als in der Stadt. Wiederum sind Dialektsprecher in allen sozialen Schichten zu finden oder anders ausgedrückt: Dialekt sprechen ist an kein Bildungsniveau geknüpft. Ein Sprachwissenschaftler hat es auf den Punkt gebracht: „Dialekt sprechen ist kein Zeichen von Zurückgebliebenheit, sondern Ausdruck für das Eingebundensein des Menschen in eine regionale Gemeinschaft!" Verpönt ist der Dialekt heute nicht mehr, dennoch oft belächelt. Zu Unrecht: In einer Studie prüften Sprachforscher, ob dialektsprechende Kinder tatsächlich „sprachbehindert" sind und in geschriebenen Texten mehr Fehler machen als Hochdeutsch sprechende Kinder. Das Ergebnis überraschte. Im Durchschnitt machen die Hochdeutsch sprechenden Kinder etwa dreißig Prozent mehr Fehler in ihren Aufsätzen als die Dialektsprecher. Dies begründet der aus Würzberg (Odenwaldkreis) stammende Dialektforscher Prof. Dr. habil. Heinrich Dingeldein, der an der Philipps Universität in Marburg forschte und lehrte, unter anderem damit, dass im Dialekt aufgewachsene Kinder mit dem Wissen in die Schule gehen, eine „andere Sprache", nämlich Hochdeutsch lernen zu müssen. Daher prägen sie sich das Schriftbild der hochdeutschen Wörter besser ein als Kinder, die glauben, schon Hochdeutsch zu können. Die werden dann eher dazu verleitet, von den „Lippen runter zu schreiben", so der Odenwälder Sprach- und Kulturwissenschaftler, der neben neun Fremdsprachen nach wie vor den Odenwälder Dialekt perfekt beherrscht, was er bei seinen Heimatbesuchen stets selbstbewusst unter Beweis stellt.

Auch ich bin stolz darauf, als aus dem Sudetenland kommender Heimatvertriebener zwei Dialekte gelernt zu haben: meinen Heimatdialekt, den ich auch in meiner neuen Heimat mit meinen Eltern, Großeltern und Verwandten bis zu deren Ableben gesprochen habe und den Odenwälder Dialekt, den ich mir auf der Straße aneignete. Beide Dialekte beherrsche ich noch heute, wobei der sudetendeutsche Dialekt nicht mehr gesprochen wird und inzwischen eine „tote Sprache" ist.

Die Zukunft der Dialekte

In jüngerer Vergangenheit scheinen die Dialekte immer stärker verloren zu gehen. Fachleute behaupten, dass die Dialekte mit jeder neuen Generation etwa zehn Prozent ihres Wortschatzes verlieren. Mundarten sind heute kaum mehr fähig, eigenständige „neugeschaffene Wörter" (Neuwörter) gegenüber dem Hochdeutsch zu entwickeln, es werde fast stets der hochdeutsche Ausdruck verwendet. In manchen – vor allem großstädtischen Regionen – sind Dialekte ganz auf dem Rückzug. „Tiefe Dialektsprecher" findet man dort immer seltener.

„Weißer geht´s nicht."

DER LEGENDÄRE SPRUCH AUS DER WASCHMITTELWERBUNG
KOMMT NICHT VON UNGEFÄHR

Brautkleider sind weiß. Der Papst trägt weiß. Weiß gilt als königliche Farbe. So war die Standarte des französischen Königs ein schlichtes weißes Banner. Und am Weißen Sonntag (= Sonntag nach Ostern) gehen in den katholischen Gemeinden die Mädchen im leuchtend weißen Kleid zur Erstkommunion.

Das ist kein Zufall, denn die Farbe Weiß hat in vielen Kulturen eine starke symbolische Kraft. Und eine meist sehr positive Bedeutung. Das Weiß steht für Erleuchtung, Reinheit, Unschuld, Einfachheit, Frische und einen neuen Anfang.

Ein weißer Fleck auf der Landkarte ist unbekanntes Terrain; wer eine weiße Weste hat, ist unschuldig. Ärzte und

Wissenschaftler in Laboren tragen weiße Kittel und vermitteln damit den Eindruck von Hygiene. Doch Weiß ist nicht gleich Weiß. Die Eskimos etwa verwenden rund 200 verschiedene Namen für die Farbe Weiß. Auch die deutsche Sprache kennt so unterschiedliche Bezeichnungen wie brillantweiß, käseweiß, schlohweiß oder schneeweiß. Im Gegensatz zu Schwarz, der völligen Abwesenheit von Farbe, ist Weiß die Summe aller Farben des Lichts. Es verkörpert also physikalisch gesehen nicht das Nichts, sondern das Alles. Dennoch gilt Weiß bei Künstlern und Farbexperten auch als „Nichtfarbe". Wer „weiß wie die Wand" oder „kreideweiß" ist, dem fehlt alle gesunde Gesichtsfarbe. Auch hat Weiß, gemischt mit anderen Farben, eine bleichende Wirkung; es nimmt bunten Farben den Knalleffekt.

Farbe der Götter

Weiß ist in vielen, Kulturen die Farbe der Götter. Im Hinduismus sind weiße Rinder heilig, in Thailand die weißen Elefanten. Zeus erschien Europa (Tochter des Agenor) als weißer Stier, Christus ist das weiße Lamm Gottes, und den heiligen Geist symbolisiert eine weiße Taube.

Auch Priester indischer und japanischer Religionen sind ganz in Weiß gekleidet und der katholische Priester trägt unter seinem Talar ein weißes Untergewand, die sogenannte Albe. An den wichtigsten kirchlichen Feiertagen wie an Ostern ist auch sein Obergewand weiß – ein Zeichen besonderer Festlichkeit.

Heutzutage ist Weiß in Europa in erster Linie die Farbe des Hochzeitskleides, das nach wie vor als Zeichen für Jungfräulichkeit und Unschuld gedeutet wird. Allerdings ist die Tradition, in Weiß zu heiraten, noch vergleichsweise jung: Die erste Braut in Weiß war die englische Königin Victoria, die 1840 Prinz Albert von Sachsen-Gotha heiratete. Die Queen wurde damit zur Trendsetterin.

Als Kleiderfarbe ist Weiß bereits im späten 18. Jahrhundert in Mode gekommen. Es galt als Farbe der alten Griechen. Auch die Architekten des frühen 19. Jahrhunderts versuchten, die Antike durch helle, klare Bauten wieder auferstehen zu lassen. Was die Gelehrten damals nicht wussten: Die alten griechischen Tempel und Statuen waren ursprünglich sehr bunt. Im Verlauf der Jahrhunderte war nur die Farbe abgeblättert.

Weiß gilt auch heute noch als die Farbe der Klarheit und schlichten Eleganz. Es ist die klassische Farbe für Tafelservice und Kaffeegeschirr

Trauerfarbe in Asien

Zur dunklen Seite der Farbe Weiß gehört auch, dass sie in weiten Teilen Asiens als Trauerfarbe gilt. Witwen tragen weiße Gewänder. Japaner verbinden die weiße Nelke mit Trauer und Tod. Auch Europa kannte das Weiß als Trauerfarbe. Die Tradition überlebte in Spanien bis ins 15. Jahrhundert und wurde auch später noch von Königinnen und Fürstinnen beibehalten, die ganz in Weiß trauerten – unter anderem, um sich vom gewöhnlichen Volk abzusetzen.

Pizza

Bei diesem Anblick läuft einem das Wasser im Mund zusammen und der Duft steigt in die Nase. Wenn man das abgebildete italienische Saucenbrot sieht, möchte man sich am liebsten ein Stück dieser leckeren Pizza abschneiden.

Wer nicht persönlich in die Küche gehen will, um einen Hefeteig anzusetzen und ihn mit allerlei schmackhaften Zutaten zu belegen, der kann immer noch den örtlichen Pizza-Dienst anrufen und sich binnen kurzer Zeit beliefern lassen.

Pizza ist vor einem halben Jahrhundert vom Süden Europas zu uns in die nördlichen Gefilde gekommen. Als wunderbarer Import von Italienurlaubern vor mehr als 50 Jahren mitgebracht, ist sie kaum mehr wegzudenken und nahezu konkurrenzlos, wenn man Lust auf etwas besonders Leckeres hat.

Dabei ist die Idee der Pizza schon im Altertum belegt, denn bereits die Etrusker und die Assyrer sollen lange vor Christus eine Art Flammkuchen im sich aufheizenden Ofen gebacken haben. Die Pizza, wie wir sie kennen, kam im 19. Jahrhundert in Mode. Bis heute kann man mit ihr eine reichhaltige Mahlzeit zubereiten, auch wenn nur noch wenig Geld im Portemonnaie ist.

Ein Hefeteig kostet wenig und als Belag eignet sich fast alles, was Speisekammer und Kühlschrank selbst am

Ende eines Monats noch hergeben. Mit ein wenig Fantasie lässt sich pikant abwandeln und immer wieder neu erfinden, womit man selbst verwöhnte Esser beglücken kann. Ich habe noch niemanden erlebt, der nicht nach dem ersten Bissen wohlig seufzte. Egal, womit sie belegt wird, mit Meeresfrüchten, Gemüse oder Salami-Scheiben. Pizza ist längst keine fremde Urlaubsbekanntschaft mehr, sondern dermaßen vertraut geworden, dass sie einen festen Platz auf unseren Speisekarten erobert hat. Sie ist einfach ein Stück Lebensart geworden.

Fleckenbrunnen

Seit es in den Gemeinden eine Wasserversorgung gibt, sind viele Lauf- und Ziehbrunnen verschwunden. Geht man aber mit offenen Augen durch unsere Dörfer, so entdeckt man auch heute noch wunderschöne und manchmal wundersam verzierte, kulturhistorisch wertvolle und interessante Brunnenanlagen, vornehmlich aus dem 17. und 18. Jahrhundert. Das Bild zeigt den zum Teil sanierten und neu gestalteten Fleckenbrunnen in Hering. Hierbei handelt es sich um einen sogenannten

Jochbrunnen mit an den Brunnenrändern angebrachten Steinsäulen, die mit einem Joch überspannt sind. Ursprünglich konnte man mit einer Handkurbel den Windebalken (oder mit einer am Joch angebrachten Rolle) den Eimer zu Wasser lassen. Aus hygienischen Gründen waren die meisten Dorfbrunnen mit einer aus Blech bestehenden Überdachung versehen.

Morgens krank, abends tot

1918 WAR EIN SCHICKSALSJAHR

1918 war ein Schicksalsjahr. Nicht nur der Erste Weltkrieg endete, die Spanische Grippe brach aus und forderte Millionen Tote weltweit. Dennoch ist sie im öffentlichen Bewusstsein fast vergessen.

Es war die größte Menschheitskatastrophe seit der Pest im 14. Jahrhundert. Doch nur wenigen ist bewusst, dass die im Schicksalsjahr 1918 ausgebrochene „Spanische Grippe" bis 1920 geschätzte 50 bis 100 Millionen Menschen hinweggraffte, mehr Opfer als auf den Schlachtfeldern der Weltkriege zusammen. Im Deutschen Reich sollen mehr als 300 000 Menschen der Grippe erlegen sein.

Sie kam „wie ein Dieb in der Nacht", schreibt die britische Wissenschaftsjournalistin Laura Spinney (47) in dem gerade erschienen Buch „1918, Die Welt im Fieber". Einer der ersten registrierten Erkrankten war der Soldat Albert Gitchell, der sich am Morgen des 4. März in Camp Funston, Kansas, auf der Krankenstation meldete und über rauen Hals, Fieber und Kopfschmerzen klagte. „Schon um die Mittagszeit gab es über hundert weitere Fälle."

Wo die Pandemie (= länder- und kontinentübergreifende Ausbreitung einer Infektionskrankheit) entstand, ist umstritten. Ihren Namen erhielt sie, weil die spanische Presse unzensiert über den Ausbruch der Krankheit in Spanien berichten konnte. Die erste der drei Krankheitswellen verlief im Frühjahr 1918 mild und führte nur zu vereinzelten Todesopfern. Allerdings wurde das Chaos auf den Kriegsschauplätzen noch schlimmer: Drei Viertel der französischen und über die Hälfte der britischen Soldaten erkrankten. „Wir lagen im Freien, mit hohem Fieber, nur den Zeltboden unter uns", erinnert sich der britische Soldat Donald Hodge.

Im August kehrte die Influenza in weit tödlicher Form zurück. Manchen Patienten fielen Haare und Zähne aus. Nach kurzer Zeit litten sie an Atemproblemen und einer Lungenentzündung. Binnen weniger Stunden färbte sich die Haut rot, dunkelblau oder sogar schwarz. Die Herbstwelle verschonte nur wenige Weltregionen. Als am 11. November der Waffenstillstand unterzeichnet wurde, versammelten sich weltweit jubelnde Menschen - ideale Bedingungen für eine Masseninfektion. Soldaten aus Australien, Neuseeland und Südafrika verbreiteten den Virus bei ihrer Rückkehr in der Heimat.

Schon bald zeigte sich, dass die Pandemie bevorzugt Menschen zwischen 20 und 40 traf. Heute ist klar, dass vermutlich der Erreger der Vogelgrippe zum hochansteckenden Virus mutierte. Die Ärzte damals kannten die Ursache nicht. Verschwörungstheorien machten die Runde: Manche machten giftige Ausdünstungen der Leichen auf den Schlachtfeldern verantwortlich. Andere vermuteten biologische Kriegsführung. Auch von göttlicher Strafe war die Rede.

Laura Spinney schreibt der Pandemie auch politische Auswirkungen zu: Indien verzeichnete 18 Millionen Tote, nirgendwo waren es mehr. Die Bevölkerung wandte sich gegen die britischen Kolonialherren, denen offenkundig nur wenig an ihrer Gesundheit lag. Damit kam die Unabhängigkeitsbewegung von Mahatma Gandhi (1869 - ermordet: 1948) mehr Rückenwind.

Auch heute ist eine weltweite Pandemie möglich. Der frühere Bundesgesundheitsminister Hermann Gröhe (57) erklärte, durch die Verdoppelung des Reiseaufkommens könnten sich Krankheiten schneller verbreiten. Auch der Ebola - Ausbruch in Westafrika (2014/2015) habe gezeigt, dass die Welt nicht ausreichend auf solche Gefahren vorbereitet sei.

Der Mittelpunkt des Hauses war die Küche

MÜHSAME HAUSARBEIT IN DEN 1950ER-JAHREN

In meiner Kindheit gab es noch keine Zentralheizung. Daher drehte sich im Grunde alles um unseren Küchenherd: Morgens in der Früh feuerte meine Mutter zunächst an. Damit das schnell ging, zogen mein Vater und ich im Herbst immer mit dem zwei- oder vierrädrigen Handwagen in den Wald, um Tannenzapfen zu sammeln, die wir gründlich trockneten. Mit diesen loderten die Flammen schnell auf und griffen rasch auf das Holz über, das es den Tag lang am Brennen hielt. Das Brennholz wurde ebenfalls an den vom Forstamt festgelegten Tagen, nämlich mittwochs und samstags, aus dem Wald mit dem Gefährt nach Hause geholt.

Handgemahlen

In der Ecke der Herdplatte befand sich ein Loch für das an einem Schornstein angeschlossene Ofenrohr, durch das der Rauch nach draußen geleitet wurde. Auf die Herdplatte selbst stellte Mutter nun den Kessel, in dem das Kaffeewasser zum Kochen gebracht wurde. Die gerösteten Kaffeebohnen dazu mahlte sie von Hand in der Kaffeemühle. Auf dem Herd wurde nicht nur das Essen gekocht, auch das Wasser für die Wäsche wurde darauf erhitzt. Der Waschtag kostete viel Energie. Die Wäsche musste von Hand geschrubbt und gewalkt, in riesigen Bottichen gekocht, gerührt und oft auch ausgewrungen werden. Waschmaschinen, die erst in den 1950er Jahren in Deutschland flächendeckend auf den Markt kamen, gab es in den meisten Haushalten noch nicht. Sie waren, im Verhältnis zum Einkommen, um ein Vielfaches teurer als heute. Montags wurde immer zuerst die Weißwäsche auf dem Herd gekocht. Die Mutter hatte so den ganzen Tag ihre Arbeit. Sommers legte sie die weiße Wäsche nach dem Waschen auf die Wiese, damit die Sonne das Gewebe bleiche (Rasenbleiche). Für einen besseren Effekt goss sie sie mit der Gießkanne immer wieder nass. Es entstand durch die Sonnenstrahlen, aus Wasser und dem Sauerstoff aus den Gräsern der Wiese in kleinen Mengen Wasserstoffperoxyd - ein Stoff, der die meisten Materialien angreift und dadurch bleicht. Am nächsten Tag stellte Mutter dann zwei Bügeleisen auf den Herd und bügelte auf dem Tisch alle Wäsche weg. Während dieser recht monotonen Arbeit schaltete sie komplett vom Alltag ab und sammelte dabei neue Kräfte.

Zugleich sorgte Mutter ja auch für das tägliche Mittagessen: In einem großen Kochtopf auf dem Herd hielt sie es warm, und um zwölf Uhr, wenn ich aus der Schule kam, gab es die Hauptmahlzeit. Danach wurde von Hand gespült, und die Mutter scheuerte die Herdplatte wieder blank.

Anschließend machte ich auf dem Esstisch meine Schulaufgaben, einen Schreibtisch hatte ich nicht. Danach durfte ich raus zum Spielen. Langeweile gab es keine. Gegen Abend wurden wieder Holz und Kohle in die Wohnung gebracht So war der Brand für den nächsten Tag gesichert. Der Aschekasten musste fast jeden Tag geleert werden. Im Sommer wurde die Asche zum Düngen in den Garten und im Winter, wenn es kalt war, auf die vereisten Gehwege gestreut.

Plätzchen und Kuchen
Vor Weihnachten backte Mutter natürlich auch unsere Plätzchen im Backofen: Immer ein Blech, das dann wieder gereinigt und neu gefettet wurde, damit die Plätzchen nicht festbackten bzw. festklebten- Kuchen gab es wohl auch; sicher nicht so oft wie heute, aber zu jedem Feiertag bestimmt. So war die Küche immer der Mittelpunkt für die ganze Familie, in dem sich alles abspielte.

April, April!

Am nächsten Monatsersten sollte man besonders vorsichtig sein. Nein, Hellseher haben für diesen Tag keinen Weltuntergang vorausgesagt: Es ist der 1. April, an dem jemand mit einem drolligen Auftrag oder einer lächerlichen Botschaft in den April geschickt wird. „Schau mal, dein Rad hat einen Platten"-man kriegt einen Schreck, bückt sich und hört gleichzeitig ein Lachen und den Ruf: „April, April!" Solche und schlimmere Scherze treiben Freunde und Verwandte jedes Jahr am 1. April. Oft sollen auch irgendwelche unmöglichen Dinge besorgt werden, wie Mückenfett, Hahneneier, Feierabendschablone, Gänsemilch oder getrockneter Schnee. Im ganzen deutschen Sprachgebiet kennt man den volkstümlichen Reim: „Am 1. April, da schickt man den Narren, wohin man will." Aber warum eigentlich? Es gibt einige Geschichten darüber, wie der Aprilscherz entstanden sein könnte.

Die Redensart „in den April schicken" findet sich zuerst 1618 in Bayern. Warum dieser Brauch am 1. April stattfindet, ist nicht geklärt. Da er vermutlich von Frankreich nach Deutschland gelangte, könnte es damit zusammenhängen, dass der französische König Karl IX. (1550 - 1574) im Jahr 1564 den Neujahrstag vom 1. April auf den 1. Januar verlegte. Wer das vergaß, traf seine Vorbereitungen umsonst. Man hat das Aprilschicken auch anders zu deuten und herzuleiten versucht, so unter anderem vom

Termin des römischen Narrenfestes oder vom Augsburger Reichstag am 1. April 1530. Dort sollte unter anderem das Münzwesen geregelt werden. Aus Zeitgründen kam es jedoch nicht dazu, so dass für den 1. April ein besonderer Münztag ausgeschrieben wurde. Als dann der erste April kam, fand dieser Termin dann doch nicht statt. Zahlreiche Spekulanten, die auf dieses Datum gesetzt hatten, verloren ihr Geld und wurden auch noch ausgelacht.

Die Wahrscheinlichkeit, auch künftig am 1. April einen Bären aufgebunden zu bekommen, ist nach wie vor groß. Und so mancher Zeitgenosse ist stets sehr kreativ, was das Scherzpotential angeht.

Aber nicht nur vor Freunden und Kollegen, sondern auch vor Medien sollte man sich in Acht nehmen. Manche Meldung könnte sich als Zeitungsente, kurz als Ente bezeichnet, (= Falschmeldung) entpuppen. So wurde im niederländischen Fernsehen im Jahr 1960 verkündet, dass der schiefe Turm von Pisa umgekippt sei. Eine italienische Zeitung berichtete, dass die römischen Stadträte den Nacktstatuen in Rom einen Lendenschutz verpassen wollten. Bei der BBC wurden schweizerische Bauern bei der Ernte von gekochten Spaghetti gezeigt. Natürlich eignen sich auch Prominente für Aprilscherze. In Neuseeland wurde der Bevölkerung ein royales Fotoshoting mit Wiliam und Kate angeboten. Stars lieben ebenfalls, ihre Fans zu veräppeln. Der österreichische Schauspieler Elyas M`Bareck postete vor vier Jahren ein Ultraschallfoto eines Embryos auf seiner Facebook-Seite. Doch aufgepasst: Nicht jede bizarr erscheinende Information wird ein Aprilscherz sein. Post von offizieller Seite sollte also nicht ungeprüft in den Müll wandern.

Ei, Ei, Ei...

Ganz oben auf der Liste des Brauchtums zum Osterfest steht unangefochten das Osterei. Noch bevor man als Kind Geschichten lesen und verstehen kann, ist es möglich, Bekanntschaft mit dem Osterei zu machen. Man kann mit den Augen seine Buntheit genießen, man kann es selbst bemalen, man kann Ostersträuße damit schmücken, den Ostertisch damit dekorieren, man kann es auf einer Wiese werfen und dabei seine Festigkeit auf die Probe stellen. Es gibt wohl kein Sinnbild, das mehr mit dem Osterfest verknüpft ist als das Osterei.

Warum, so fragt man sich, gerade das Ei?
Als Kind sah ich oft meine Großmutter ein Ei still in der Hand halten. Sinnend sagte sie mir einmal: „Schau dir doch dieses Wunder an!" Heute, nach siebzig Jahren, weiß ich, was sie damals ausdrücken wollte: Die äußere Form des Eis kann man nur als vollkommen bezeichnen. Es fühlt sich kühl und glatt an, hat keine Ecken und Kanten – schützend legt man die Finger darum und fühlt eine unaussprechliche Harmonie. Das Ei ist Träger des Lebens, das sich in der sicheren Schale entfalten und bald hervorkommen darf. So verwundert es nicht, dass gerade das Ei schon in vorchristlichen Zeiten bei Frühlingsfesten zum Sinnbild der jährlichen Wiederkehr allen Lebens in der Natur wurde. Bereits in den uralten Mythen Indiens,

Ägyptens und Persiens ist von dem „Welten-Ei" die Rede, aus dem ursprünglich das Leben entstanden sein soll. Im christlichen Glauben verkörpert das Ei den Auferstehungsgedanken und die Erlösung. Der gekreuzigte Jesus ist von den Toten auferstanden. Gott schenkt neues Leben. Christus hat das Grab und damit den Tod durchbrochen wie ein Küken die Schale eines Eis. Bereits im Mittelalter gab es bemalte Eier, die man auch Verstorbenen ins Grab legte. Die bevorzugte Farbe war Rot, die Farbe des Blutes Christi, das er bei der Kreuzigung vergoss. Bei uns gehört das Osterei zu den ältesten Requisiten der Osterfeier. Infolge der sechswöchigen Fastenzeit, die früher zwischen Aschermittwoch und Ostern vorgeschrieben war und in der auf Fleisch, Milchprodukte und auch Eier, die als flüssiges Fleisch galten, verzichtet werden musste, gab es alljährlich einen Überschuss an Eiern. Den wollte man schnell abbauen, damit die Eier nicht schlecht wurden. Seit dem 12. Jahrhundert wurde zur österlichen Speiseweihe in der Kirche zudem um die Segnung der Eier gebetet, ebenfalls mit besonderem Verweis auf die Auferstehung. Die Eierfärbung wurde vorgenommen, um die geweihten Eier von den ungeweihten zu unterscheiden, auch konnte damit der Haltbarkeitstermin festgestellt werden. „Auf Ostern iß hartgesottene Eyer, dann bist du das ganze Jahr gesund", so heißt es in einer Handschrift aus dem 17. Jahrhundert. Man hielt sich daran und manche sollen sich auch in der heutigen Zeit immer noch daran halten. Alle Ostereier sind hart gekocht. Man findet sich damit ab, weil es eben ein Brauch ist. Der Gemütswert ist dabei höher einzuschätzen als der Nährwert. Auch wenn man den „Osterhasenglauben" verloren hat, so versetzen uns bunte Ostereier am Ostersonntag doch in frohe Stimmung. Hat man sie aber geschält, so verwandeln sie sich in ganz gewöhnliche hart gekochte Hühnereier, die sich von üblichen Frühstückseiern nicht unterscheiden.

„Von guten Mächten"

BONHOEFFERS VERSE DRÜCKEN ZUVERSICHT UND HOFFNUNG AUS

Seine Zeilen finden sich auf Kalenderblättern und in Todesanzeigen. Der Text ist zu einem der bekanntesten religiösen Lieder des 20. Jahrhunderts geworden. Es erklingt vor allem zu Weihnachten und zum Jahreswechsel, aber auch auf Beerdigungen und Taufen. Am 19. Dezember 1944 hat der evangelische Theologe Dr. habil. Dietrich Bonhoeffer (1906 – 1945) in einem Berliner Gestapo – Gefängnis das „Gedicht von guten Mächten wunderbar geborgen" geschrieben. 1959 wurde es erstmals vertont. Enthalten sind die sieben Strophen des geistlichen Gedichts in einem Brief Bonhoeffers an die Informatikerin Maria von Wedemeyer (1924 – 1977). Die 20 Jahre alte Ostpreußin und der 18 Jahre ältere gebürtige Breslauer hatten sich drei Monate zuvor verlobt. Dietrich Bonhoeffer, profilierter Vertreter der Bekennenden Kirche und im Widerstand gegen Adolf Hitler (1889 – 1945), charakterisierte sein Gedicht lapidar als „ein paar Verse, die mir in den letzten Abenden einfielen" und als „Weihnachtsgruß für Dich und die Eltern und Geschwister".

„Von guten Mächten" ist Bonhoeffers letzter erhaltener theologischer Text vor seiner Hinrichtung. In den Versen klingen seine eigene bedrohliche Situation - er war gefoltert worden und musste mit der Hinrichtung rechnen – und auch die seiner Familie an. Sein Bruder und zwei seiner Schwäger waren wegen Verwicklung in den Widerstand in Haft, seine Zwillingsschwester mit ihrem jüdischen Mann emigriert.

Obwohl Dietrich Bonhoeffer sein Gedicht als Weihnachtsgruß bezeichnete, nimmt der Text keinen Bezug auf Jesu Geburt, sondern blickt auf die Jahreswende und die ungewisse Zukunft, die aus seiner Sicht von Gottes Liebe bestimmt wird. „Noch will das alte unsere Herzen quälen, noch drückt uns böser Tag schwere Last", heißt es in dem Gedicht. Im Zentrum steht aber das Vertrauen zu den „guten Mächten", mit denen Gott die Glaubenden bergend umgibt und tröstet.

Am Anfang des Briefes beschrieb Dietrich Bonhoeffer, wie er die Haft erlebt: „Es ist, als ob die Seele in der Einsamkeit Organe ausbildet, die wir im Alltag kaum kennen. So habe ich mich noch keinen Augenblick allein und verlassen gefühlt." Und zu der Rolle seiner Familie heißt es: „Du und die Eltern, Ihr alle, die Freunde und Schüler im Feld, Ihr seid mir immer ganz gegenwärtig, Eure Gebete und guten Gedanken, Bibelworte, längst vergangene Gespräche, Musikstücke, Bücher bekommen Leben und Wirklichkeit wie nie zuvor.

Von Anfang an hatte Dietrich Bonhoeffer in der kirchlichen Opposition gegen Adolf Hitler gestanden. Schon früh warnte der Pazifist – Berlins jüngster theologischer Privatdozent – vor einem drohenden Krieg. Zwei Tage nach der Machtergreifung, am 1. Februar 1933, sagte Dietrich Bonhoeffer in einem Radiobeitrag, dass ein Führer, der sich zum Idol seiner Anhänger mache, zum Verführer werde. Im April 1933 erklärte er bei einem Vortrag vor Berliner Pfarrern: „Die Kirche ist den Opfern jeder Gesellschaftsordnung in unbedingter Weise verpflichtet, auch wenn sie nicht der christlichen Gemeinde angehören." Es sei sogar denkbar, „nicht nur die Opfer unter dem Rad zu verbinden, sondern dem Rad selbst in die Speichen zu fallen".

Am 5. April 1943 wurde der Theologe wegen „Wehrkraftzersetzung" verhaftet und in die Untersuchungshaftanstalt Berlin-Tegel überstellt. Hintergrund waren seine Verbindungen zur Widerstandsgruppe um Admiral Wilhelm Canaris (1887 – 1945). Sein Beitrag zum Widerstand und seine Kontakte ins Ausland waren aber noch gar nicht voll entdeckt worden. „Unruhig, sehnsüchtig, krank, wie ein Vogel im Käfig, ringend nach Lebensatem, als würgte mir einer die Kehle", so beschrieb er am 8. Juli 1944 im Gedicht „Wer bin ich?" seinen Zustand.

Am 8. Oktober 1944 wurde Dietrich Bonhoeffer im Zusammenhang mit dem Attentat auf Adolf Hitler vom 20. Juli 1944 ins Kellergefängnis des Reichssicherheitshauptamts verlegt. Am 7. Februar 1945 überstellte ihn das Regime in das bayerische Konzentrationslager Flossenburg (Oberpfalz). In der Morgendämmerung des 9. April 1945 wurde Dietrich Bonhoeffer im Alter von 39 Jahren erhängt.

„Von guten Mächten" wurde erstmals 1951 in dem Buch „Dietrich Bonhoeffer. Widerstand und Ergebung, Briefe und Aufzeichnungen aus der Haft" veröffentlicht. Der Text wurde inzwischen von mehr als 70 Komponisten vertont.

Als das Bier in Milchkannen geholt wurde

DER GASTHAUSBESUCH IM WANDEL DER ZEIT

Gasthäuser waren noch vor 50 Jahren Mittelpunkt eines jeden Dorfes. Doch das sind sie schon lange nicht mehr, im Schnitt machen jedes Jahr mehr als tausend zu. 54000 Gaststätten zählte das Statistische Bundesamt noch im Jahr 1995. Jetzt sind es nur noch rund 31000.

Am Niedergang der Gastwirtschaften hatten auch die Brauereien Schuld, berichtet der Land- und Gastwirt Günter Koch, Inhaber der weithin bekannten und ältesten im Familienbesitz befindlichen Gaststätte „Zum Stern" in Hering. In den Siebzigern war das Bier vom Fass noch günstiger als das Flaschenbier aus dem Supermarkt. Heute ist es genau umgekehrt.

Ein anderes Problem ist die überbordende Bürokratie. Von der Mindestlohn-Dokumentation bis hin zu den Brandschutz-, Lebensmittel- und Hygienevorschriften - bundesweit stöhnen die Gastwirte.

Geselligkeit im Mittelpunkt

Die Geselligkeit hat schon in der Anfangszeit im Mittelpunkt gestanden - was sich wie ein roter Faden bis hinein in unsere Tage zieht. Noch vor 50 Jahren waren es vor allem die Männer, die sich im Gasthaus trafen, ihr Bier genossen und sich dabei von der Last des Alltags erholten. Wer sich nicht aufraffen konnte, sein Haus oder seine Stube zu verlassen, der schickte seine Söhne -

ausgestattet mit einer Milchkanne - zum Bierholen in die Gaststätte. Das durften damals nur die Buben machen, den Mädchen war das nicht erlaubt.

Der Gasthausbesuch im Wandel der Zeit
Der Besuch von Gasthäusern war eigentlich immer eine Domäne des männlichen Geschlechts. Wie ich mich erinnere, war es noch vor wenigen Jahrzehnten kaum vorstellbar, dass sich die Weiblichkeit in einer Gaststätte aufhielt. Es galt als unschicklich.
Frauen kümmerten sich um Heim und Herd sowie um die Erziehung der Kinder. Der Mann verdiente das Geld und sorgte für den Unterhalt der Familie, was ihm auch das Recht gab, einen Teil seines sauer verdienten Lohnes nach Feierabend mit Gleichgesinnten bei Bier und Wein auszugeben. Man muss aber an dieser Stelle gleich anmerken, dass so manche Familie zugrunde gegangen wäre, hätte die Ehefrau nicht auf ihren Göttergatten aufgepasst und ihm schon am Zahltag - der Lohn wurde noch in den 50er Jahren in Lohntüten bar ausbezahlt - vor dem Besuch des Gasthauses den größten Teil des Geldes abgenommen.
Wurde früher wirklich eine Frau vom Mann in eine Wirtsstube mitgenommen, so hatte sie ihren Mund zu halten und bei keinerlei Diskussionen irgendeinen Kommentar abzugeben. Oft bekamen sie auch kein eigenes Getränk, sondern durften nur darauf hoffen, dass ihr Mann sie einmal am Glas nippen ließ. Frauen waren eigentlich nur bei besonderen Festen, an Kerb oder Silvester, in Gasthäusern geduldet.
In den 60er Jahren des vergangenen Jahrhunderts stieg erfreulicherweise das Selbstbewusstsein der Frauen. Von nun an zeigten sie sich immer öfter allein in der Öffentlichkeit. Plötzlich tauchten sie auch in ganz gewöhnlichen Gaststätten auf, was die Männer meist nicht weiter störte,

solange sie sich ruhig verhielten. In der heutigen Zeit, so erzählte mir Günter Koch, hätte schon so mancher Wirt seine Gaststätte schließen müssen, gäbe es die Frauen nicht.

Endlich ist er da, der Mai

ERINNERUNG AN UNBESCHWERTE KINDERTAGE – UND DIE ERLÖSUNG VON KRATZIGEN WOLLSTRÜMPFEN

Wie haben wir uns als Kinder in den ersten schweren Nachkriegsjahren (1945 – ca. 1954) gefreut, wenn es endlich wieder sonnig, warm und bunt blühend war, wenn es nach warmer Erde und ersten Blüten roch. Meine Freunde und ich fieberten dem Moment entgegen, in dem wir wieder stundenlang draußen spielen durften.

Jetzt im Mai konnte ich wieder Kniestrümpfe tragen. Im Herbst und im Winter mussten alle Kinder lange Wollstrümpfe anziehen. Sie kratzten fürchterlich und waren mit Strapsen an einem Leibchen befestigt. Hierbei handelte es sich um ein Kleidungsstück für Kinder, das zwischen Hemd und Unterhose getragen wurde. An ihm befanden sich zwei Strumpfhalter, an denen die beiden Wollstrümpfe mittels Knöpfen festgemacht wurden. Wir Kinder hassten Leibchen und Wollstrümpfe, weil sie unangenehm zu tragen waren. Umso mehr freuten wir uns darauf, die luftigen und so viel bequemeren Kniestrümpfe zu tragen, wenn es draußen wärmer wurde. Doch bevor es so weit war, musste ich mehrere Debatten mit meiner sehr vorsichtigen Mutter austragen. Bitten und Tränen fruchteten ebenso wenig wie die ständig wiederholten Hinweise „Alle andere Kinder dürfen auch".

Kampf um die Strümpfe
Erst wenn sich nach mindestens zehn wärmeren Tagen der Erdboden nach Mutters Meinung genügend erwärmt hatte, durfte ich mich endlich ins Freie wagen, ausgestattet mit neuen, von meiner Mutter gestrickten Kniestrümpfen. Ich war glücklich ob der gewonnenen Kniefreiheit. Und wie herrlich war es jetzt, draußen zu spielen! Wir Kinder waren auf den Straßen ungestört, auf denen es zu dieser Zeit kaum Verkehr gab. Im Jahr 1950 besaß nämlich gerade Mal ein Prozent der Bevölkerung ein Auto. Wir übten uns mit Feuereifer im Seilspringen, spielten Fangen und Fußball. Die Bälle hatten unsere Mütter aus ganz alten, nicht mehr zu stopfenden Socken unserer Väter genäht. Wir beschäftigten uns mit Murmelspielen und Kästchenhüpfen und spielten „Räuber und Gendarm", also Verstecken, Suchen und Fangen.
Die schönste Zeit für uns aber begann, wenn wir zum Leidwesen der Grundstückseigentümer auf die Wiese durften, nachdem es immer wärmer geworden war. Ausgestattet mit einer alten Decke und einer Flasche von Mutters selbst hergestelltem Johannisbeersaft machten wir das von uns strapazierte Grünland mit seinen ersten Frühlingsblumen zu unserem Spielgelände. Aus einem Weidenast bastelten wir Lockpfeifen für Vögel, maßen unsere Körperkräfte beim Tauziehen und fingen Grashüpfer von Hand.
Der gelbe Löwenzahn bot mit seinem milchigen Saft wunderbares Material für Stempelbilder. Wir tupften die Stängel einfach auf unsere Handrücken, wo sie bräunliche Spuren hinterließen. Und aus den Blüten der Taubnesseln sogen wir begierig den süßen Nektar – als Zuckerersatz.

Maikäfer, flieg
Wir schüttelten die Bäume und sammelten die damals häufig vorkommenden Maikäfer im Glas oder in einer Zigarrenkiste, wo sie mittels der hinzugefügten Baumblätter einige Tage leben konnten, bevor die Mutter den Tierchen die Freiheit zurückgab. Manche sammelten sie korbweise als Hühnerfutter ein.

Blumensträuße für die Mutter
Meine liebsten Frühlingsblumen waren und sind die Schlüsselblumen, wegen ihres einmaligen frischen Duftes. Die gelben Blümchen gediehen in meiner Kindheit noch in Hülle und Fülle am Wiesenrand und an feuchten Stellen im Wald. Anders als Buschwindröschen, die ich ebenfalls sehr mag, hielten sie sich länger in der Vase. So brachte ich die Wohlgeruch ausströmenden Blumen nach unseren Ausflügen gerne meiner Mutter mit, die sie gebührend versorgte und platzierte. Ich steckte immer meine Nase in den Blumenstrauß, um den wunderbaren Geruch einzuatmen. Der „Wonnemonat" Mai tat wirklich gut.

Pfingsten: Geburtstag der Kirche

EIN FEST, DESSEN HINTERGRUND FÜR VIELE SCHWER ZU FASSEN IST

„Zu Pfingsten sind die Geschenke am geringsten" spottete einst der deutsche Schriftsteller und Lyriker des 20. Jahrhunderts Bert Brecht (1898 – 1956). Es gibt Tage, die die Bundesbürger besonders gern mögen – auch wenn sie meist gar nicht verstehen, warum sie nicht zur Arbeit müssen: kirchliche Feiertage. So wird aus dem Todestag Jesu Christi, dem Kar-Freitag (althochdeutsch für „Kummer" oder „Klage") der Car-Freitag (= Auto-Freitag), der für Raser die Saison der illegalen Straßenrennen einläutet. Pfingsten ist schwer zu fassen: keine Deko, kein Produktmarketing (wie zum Beispiel Osterhasen und Eier aus Schokolade). Nur „Geist"...-geht es da mit rechten Dingen zu?

Die Ursprünge des Pfingstfestes finden sich, wie könnte es auch anders sein, in der Bibel. Pfingsten, abgeleitet vom griechischen „Pentekoste" bedeutet so viel wie „der fünfzigste Tag". Es ist der fünfzigste Tag nach Ostern, dem Fest der „Auferstehung Jesu".

An diesem Tag endet die Osterzeit und in der Kirche feiert man die Herabkunft des Heiligen Geistes, dem Beistand, den Jesus seinen Jüngern versprochen hatte. Es heißt, 50 Tage nach Ostern trafen sich die Jünger Jesu in Jerusalem. Die Menschen in der Stadt feierten dort gerade ein großes Fest. Doch die Jünger blieben, wie es ihnen von ihrem Herrn aufgetragen wurde, zusammen und beteten – sie hatten viel zu große Angst vor den Männern, die Jesus gefangen nahmen und hinrichteten. Da kam der Heilige Geist wie ein „Brausen" vom Himmel herab und verlieh den Jüngern die Gabe, alle Sprachen zu sprechen. Die Fähigkeiten, die die Jünger vom Heiligen Geist empfingen, bezeichnet man als „Pfingstwunder". Nun war es den Jüngern möglich, das Evangelium auch den Menschen verkünden zu können, deren Sprache sie zunächst nicht mächtig waren. Pfingsten markiert also den Beginn der Missionierung und den Beginn der Kirche an sich. Deshalb bezeichnen wir Pfingsten auch als Geburtsfest der Kirche.

Dieses sogenannte Sprachenwunder an diesem Tag – damals wuchs die Jerusalemer Gemeinde von 120 Mitgliedern auf mehr als 3000 an – deuten Theologen so, dass die Verkündung der christlichen Botschaft überall geschehen solle. Der Heilige Geist als eine der drei Personen Gottes (Vater, Sohn und Heiliger Geist) ist nach kirchlicher Lehre in die Welt gesandt, um die Botschaft Jesu lebendig zu halten. Zugleich ist er Kraftquell und Verkündungsauftrag für alle Christen und schließt die 50-tägige Osterzeit ab.

Aus christlicher Sicht wurde dadurch die „Babylonische Sprachverwirrung" aufgehoben. Laut Bibel hatte Gott einst die Menschen für die Eigenmächtigkeit beim „Turmbau zu Babel" bestraft, da dieser bis in den Himmel und damit zu Gott reichen sollte.

Im Judentum gehört Pfingsten ebenfalls zu den Hauptfesten. Die Juden feiern das Fest „Schäwuot" Wörtlich heißt das „Siebenwochen". Denn sieben Wochen mal sieben Tage sind 49 Tage. Also wurde am 50. Tag gefeiert. An diesem Tag soll das Volk Israel am Berg Sinai die „Tora", die hebräische Bibel bekommen haben, die Weisungen wie sie miteinander leben und umgehen sollen, beinhaltet.

Die Rose ohne Dornen

Die Pfingstrose schmückt mit ihren kräftigen Farben viele heimische Gärten, wie auch auf diesem Bild aus Hering. Insekten werden von ihr fast magisch angezogen. Der Duft variiert - abhängig von der Unterart und der Tageszeit. Während sie morgens süßlich rein duftet, entfalten sich ihre Öle durch die Wärme des Tages - dann riecht die Pflanze intensiver. Die Pfingstrose ist vorwiegend eine Zierpflanze, deren Wurzeln und Blütenblätter oft therapeutisch angewendet werden. Die Wurzel soll eine schmerzlindernde Funktion haben. Sie wird in der Heilkunde gegen Kopf- und Magenschmerzen eingesetzt. Die Pfingstrose blüht zwischen Mai und Juni - genau in der Zeit, in der auch Pfingsten, also das Empfangen des Heiligen Geistes, gefeiert wird. 49 Tage nach Ostersonntag beginnt das christliche Fest, das als Abschluss der Osterzeit gilt.

Die Konfirmation

In den nächsten Tagen lassen sich evangelische Jugendliche konfirmieren. Sie werden vor der Gemeinde ihren christlichen Glauben bekennen und das Abendmahl feiern. Gleichzeitig erlangen sie mit ihrer Einsegnung auch das Patenrecht.

Die Konfirmation (= Stärkung, Befestigung, aber auch Ermutigung) wurde vor mehr als 460 Jahren von dem Marburger Landgrafen Philipp der Großmütige (1504 - 1567), ein Nachkomme der heiligen Elisabeth, eingeführt. Er verknüpfte damit die Hoffnung, rund 20 Jahre nach der von Dr. Martin Luther (1483 - 1546) eingeleiteten Reformation für Frieden im Land zu sorgen. Für Unruhe sorgten nämlich radikale Reformierte, die so genannten Wiedertäufer, die den Geist der Reformation gefährdet sahen, mit dem Hinweis „Ihr tauft die Kinder und lasst es dabeibleiben, lehrt sie kein Buß und Besserung".

Die Konfirmation ist für evangelische Christen ein bedeutender Tag, weil sie freiwillig ihre Aufnahme in die Gemeinschaft der Gläubigen durch die Taufe bekräftigen und erstmals bewusst das Abendmahl erhalten. Traditionell wurde das Fest in der Osterzeit gefeiert. Das ist einfach praktisch gewesen, denn bis in die 1960er Jahre endete für viele Jugendliche nun die Schulzeit. Dann wurde die Pflichtschulzeit verlängert, das Schuljahresende verlegt. 14-Jährige stehen mit der Konfirmation nicht mehr zugleich am

Beginn der Lehre. Das Fest fällt also nicht mehr mit einem Einschnitt im Lebenslauf zusammen, und viele Gemeinden legen es schon des besseren Wetters wegen in den Mai. Die Konfirmation ist aber nach wie vor ein aufregendes Ereignis - und sei es als traditionelle große Familienfeier. Erst sollen die Kinder im Katechismus unterwiesen, dann der Gemeinde „dargestellt" und schließlich „confirmieret" werden, heißt es in der „Ziegenhainer Zuchtordnung" des Reformators Martin Bucer (1491 - 1551). Für die unterschiedlichen Herausforderungen gilt es auch äußerlich gewappnet zu sein. Das fand auch ein anonymer Autor 1785, als er am Vorabend seiner Konfirmation über das Fest nachdachte. Nicht dessen Sinn ging ihm durch den Kopf, sondern der „erste ächt modische Anzug, den ich trug". Die Mädchen bekamen ihren ersten langen Rock, die Jungs die ersten langen Hosen. Auch die Mode zeigte, dass die Konfirmation ein Schritt ins Erwachsenenleben war.

Pfingstliches Brauchtum

VIELE BRÄUCHE SIND VÖLLIG VERSCHWUNDEN

Das Wort „Pfingsten" entstand aus dem griechischen Wort „Pentecosta", der fünfzigste (Tag); denn das erste Pfingstfest wurde laut Apostelgeschichte am „Fest der (Weizen)-Ernte", fünfzig Tage nach Ostern gefeiert. Durch den variablen Ostertermin variiert auch Pfingsten zwischen dem 10. Mai und dem 13. Juni. Pfingsten ereignete sich durch die biblisch berichtete Herabkunft des Heiligen Geistes fünfzig Tage nach der Auferstehung Jesu: Mit

Feuerzungen kam der Heilige Geist über die Jünger und bewirkte ihr Sprechen in vielen fremden Sprachen. Um das Pfingstfest herum gab es früher ein reiches Brauchtum, von dem aber im Odenwald noch wenig übriggeblieben ist. Wer weiß heute noch etwas vom „Pfingstlümmel" oder dem „Pfingstochsen"? Ersterer war ursprünglich der Viehhalter, der am Pfingstsonntag seine Kühe als letzter zum Sammelplatz brachte. Später wurde es der, der am Pfingstsonntag als letzter aus dem Bett fand. Auch der „Pfingstochse" hängt mit dem Weidevieh zusammen. Um Pfingsten herum begann der Austrieb. Zum ersten Weidegang wurde ein Ochse mit Bändern und einem Kranz geschmückt. Übriggeblieben ist die Redensart „Hergerichtet wie ein Pfingstochse", die man anwendet, wenn sich einer besonders schön gemacht und dabei des Guten ein wenig zu viel getan hatte. Seinen Ursprung nach war Pfingsten höchstwahrscheinlich ein Regenfest. Jetzt, wo das Getreide in den Halm ging, brauchte man Regen, einen schönen, warmen, nicht zu starken Landregen, der gut feuchtete, ohne Schaden anzurichten. Mit der Bitte um diesen Regen hingen viele Pfingstbräuche zusammen. Einer der bekanntesten war das „Pfingstreiten", das mit einer Weihe der Fluren verbunden war und bei dem die an der Bittprozession teilnehmenden Reiter fromme Lieder sangen, um den Segen (Regen) des Himmels auf die keimende Saat herabzubitten. In manchen Orten endete das Pfingstreiten mit Reiterspielen und -wettkämpfen. Es war noch Ende des 18. Jahrhunderts gelegentlich zu finden, ist dann aber völlig verschwunden und wurde erst zwischen den beiden Weltkriegen (1918 - 1939) wiederbelebt. Aber so ganz wurde es doch nicht mehr lebendig. Viele Versuche, das Pfingstreiten wieder einzuführen, sind schnell gescheitert. Mit Pfingsten sind auch Wetterregeln verbunden, zum Beispiel: „Wenn`s zu Pfingsten regnet, ist die Erde wohl gesegnet", oder „Regnet's an Pfingstmontag, so regnet's noch sieben Sonntag".

Bauernregeln übers Wetter

VIELE ALTE MERKSPRÜCHE SPIEGELN ERFAHRUNGSWISSEN, DAS MITUNTER NOCH HEUTE GILT

Wie wird das Wetter? Eine Frage, die Menschen schon immer beschäftigte. Bereits vor der Christianisierung wurden mit Hilfe von Bauernregeln, die über Generationen weitergegeben wurden, Acker und Feld bestellt. Viele Merksprüche sind heute noch bekannt - auch wenn auf ihre Voraussagen nicht immer Verlass ist.

„Mairegen bringt Segen" Oder: „Mai trocken und warm macht den Bauern arm." Sprüche wie diese bestimmten über Jahrhunderte den Alltag der Menschen. Anders als heute mussten Bauern das Wetter ohne Satelliten, Wetterkarten und Apps einschätzen. Eine Herausforderung, die ihnen bei falschen Prognosen Ernteausfälle bescheren konnte.

Bauernregeln spiegeln meteorologische Wahrscheinlichkeiten wider und transportieren Efahrungswissen, das teilweise auch heute noch gilt. So verweist die Bauernregel „Märzen-Schnee tut den Saaten weh" darauf, dass frische Aussaaten bei einem Wintereinbruch in dieser Zeit häufig erfrieren. „Mairegen bringt Segen" wiederum deutet darauf hin, dass ausreichend Niederschlag in dieser Zeit für ein gutes Wachstum sorgt - und sorgen muss. Ansonsten könnte die Ernte schlecht ausfallen.

Die ersten Bauernregeln sollen bereits in der Zeit 800 v. Chr. entstanden sein. Grundlage waren wiederkehrende Naturphänomene. Diese Regelmäßigkeiten haben unsere Vorfahren dann in Reimform an ihre Nachkommen weitergegeben, weil man sich die Regeln so leichter merken kann als einen einfachen Satz. Schreiben konnten die Bauern zu dieser Zeit nicht, später wurden die Regeln in Bauernkalendern abgedruckt.

Die wohl bekanntesten Bauernregeln ranken sich um die Gedenktage von Heiligen oder um sogenannte Lostage (= feststehende Tage im Heiligenkalender) wie den Siebenschläfertag am 27. Juni. Zu den bekanntesten Heiligentagen gehören die Eisheiligen Mamertus, Pankratius, Servatius, Bonifatius und Sophia vom 11. bis 15. Mai. Sprichworte wie „Pankraz, Sevaz Bonifaz machen erst dem Sommer Platz" und Pankrazi, Servazi und Bonifazi sind drei frostige Bazi" spielen auf die Nachtfröste an, die bis eben Mitte Mai immer wieder vorkommen können. Für empfindliche Pflanzen können sie verheerende Folgen haben: „Die kalte Sophie macht alles hie", sagt eine weitere Bauernregel.

Aus meteorologischer Sicht sind diese Aussagen gar nicht so unwahrscheinlich, etwa was Höhenlagen und Täler angeht. Dort kann sich zu dieser Jahreszeit oftmals noch Kaltluft sammeln.

Darüber hinaus können Wetterforscher Bauernregeln aber nicht viel abgewinnen. Zumindest nicht als Wettervorhersage für die Landwirte. Nach ihrer Meinung ist die Trefferquote bei den bäuerlichen Wetterregeln aus heutiger Sicht oft erbärmlich schlecht. Sie sind heutzutage überholt. Die Reime und Regeln waren Krücken, die Landwirte im Mittelalter hatten ja nichts anderes.

Nicht zuletzt sind viele Bauernregeln regional verwurzelt und beschreiben klimatische Gegebenheiten an bestimmten Orten: Regeln, die im Odenwald entstanden sind, können also für den Alpenraum oder für die Nordsee nicht stimmen. Die Eisheiligen sind dafür ein gutes Beispiel.: Während im Norden Mamertus als erster Eisheiliger gilt, beginnt im Süden die Rechnung erst mit Pankratius. Der Grund: Die Kaltluft aus dem Norden trifft erst einen Tag später in Süddeutschland ein.

Auf kurzfristige Naturbeobachtungen und entsprechende Ableitungen ist jedoch meist Verlass. Bauernregeln wie „Entfernen sich die Bienen nicht weit von der Beute (= Bienenbehausung), erwartet Schlechtwetter Land und Leute", Abendrot, schön Wetterbot" und „Morgenrot, schlecht Wetter droht" sind durchaus zutreffend. Und auch auf den Wetterfrosch (= Laubfrosch) zumindest, wenn er wegen der hohen Luftfeuchtigkeit sein angestammtes Revier verlässt. Von dem Spruch „Frösche auf Stegen und Wegen deuten auf baldigen Regen" sind die meisten Landwirte überzeugt.

Die Kuh des kleinen Mannes

ZIEGEN HABEN IM ODENWALD JAHRZEHNTELANG EINE GROßE ROLLE GESPIELT

„Echte Bauern haben Kühe" so die einhellige Meinung vieler Menschen. In Zeiten der Not verbreitete sich die Ziegenhaltung allerdings immer stark. Schließlich gibt eine Ziege mindestens zwei Liter Milch am Tag und deckt so den Eigenbedarf ihres Besitzers, ohne andererseits zusätzliche Ausgaben oder große Mühe zu verursachen. Die Ziegen galten früher als die „Kuh des kleinen Mannes", denn im

Gegensatz zu einer Kuh brauchte man für die Unterbringung einer Ziege, die im Volksmund auch Geiß genannt wird, nicht viel Platz. Dazu sind sie ziemlich anspruchslose Esser, was sie zu pflegeleichten Haustieren macht. Um 1900 hat tatsächlich fast jede Familie im Odenwald wenigstens eine Ziege gehalten. Noch Anfang der 50er Jahre gab es nahezu in jedem Haus noch Ziegen. Für die Vermehrung wurde ein Bock gehalten, der in der Regel von der Gemeinde erworben und versorgt wurde. Der penetrante Geruch des Ziegenbocks zog durch das Dorf. Noch stärker roch es natürlich ganz dicht am Bockstall.

Ziegen-Geschichte
Ziegen sind neugierig, unberechenbar und echte Kletterkünstler. Zusammen mit dem Schaf und dem Hund ist die Ziege eines der ältesten Haustiere überhaupt. Die Altertumsforscher haben nachgewiesen, dass es vor 9000 Jahren gezähmte (domestizierte) Ziegen gab. Ziege und Mensch verbindet also eine lange Geschichte - nicht zufällig wurde der oberste olympische Gott Zeus von der Ziege Almatheia aufgezogen. Die Ziege fand schnell Verbreitung auf der ganzen Welt. Als geselliges Herdentier schließt sie sich den Menschen gut an und fasziniert diese auch mit ihrem vorwitzigen Verhalten. Vor allem gibt sie etwa 700 Liter Mich pro Jahr. Diese Eigenschaft hat sie weltweit zur „Kuh des kleinen Mannes" gemacht. Während heute vor allem in der südlichen Hemisphäre Ziegen noch sehr verbreitet sind, ist ihr Bestand in Europa und Deutschland seit den 60er Jahren im Zuge des sogenannten „Wirtschaftswunders" zurückgegangen. Wo Wohlstand einkehrt, verschwindet die Ziege. In den 70er Jahren war die Ziege bei uns fast totgesagt. In den Statistiken und Viehzählungen wurde sie nicht mehr erfasst.

Verhältnis zwischen Ziegen und Menschen zwiespältig
Trotz ihrer geschichtlichen wichtigen Rolle für die Ernährung der Menschen ist das Verhältnis zwischen Ziege und Mensch durchaus zwiespältig. Im frühen Christentum bekommt der Teufel Merkmale des Ziegenbocks: Ziegenhörner und Bocksfüße. Auch der Ausdruck des „geilen Bocks" hat mit dem Christentum zu tun. War früher der griechische Hirtengott Pan mit seiner Ziegengestalt ein Zeichen der Fruchtbarkeit, so wendet sich mit dem Christentum das Blatt und alles, was mit Sexualität zu tun hat, wird verpönt. Andererseits befreit oder bewahrt die Ziege den Menschen vor dem Bösen: Im Alten Testament werden der Ziege die Sünden des Volkes Israel aufgeladen und sie wird dann als „Sündenbock" in die Wüste geschickt. Noch heute wird in Irland weidenden Rinderherden eine Ziege beigestellt, im Glauben, dass die Ziege die Krankheiten auf sich nimmt und so die Herde gesund bleibt. Selbst ein Fußballclub wie der 1. FC Köln hat einen Ziegenbock als Maskottchen. Der Ziegenbesitzer hat wenig Renommee. Die Erzeugnisse der Ziege aber, allen voran der Ziegenkäse, sind auch in den höchsten Gourmetkreisen verbreitet. Solange es Armut auf der Welt gibt, wird es wohl auch Ziegen geben. Denn auch bei uns im „reichen" Deutschland gibt es wieder mehr Hausziegen. So hat sich ihre Zahl in Deutschland seit 1980 fast verfünffacht. Trotz Gesundheitstrends und Tourismus, der die Speisepläne der Deutschen in den letzten Jahren enorm beeinflusst hat, verbinden große Teile der deutschen Bevölkerung nach wie vor mit Ziegenprodukten Stallgeruch und schlechten Geschmack. Sorgt man aber für Stall- und Melkhygiene schmeckt frische Ziegenmilch köstlich und kein bisschen „ziegig". Ihr großes Comeback hat die Ziege hierzulande aber auch der Landschaftspflege zu verdanken. Denn die

Ziege liebt Sträucher und Büsche und kann so wirkungs-
voll die Verbuschung der Landschaft verhindern.

Vor 40 Jahren: Aus der Massenplage wird eine Rarität

DEN MAIKÄFER GAB ES NUR NOCH ALS SCHOKOLADENTIER

Um 1980 war der Maikäfer fast verschwunden. 25 Jahre
vorher war er noch ein Schädling, dessen Milliardenheere
ganze Obstbaumkulturen und Waldränder kahlfraßen.
Und das alle vier Jahre. Zwischen zwei Massenauftritten
richteten seine Larven, die Engerlinge, noch viel größere
Schäden an Pflanzenwurzeln an. Alle Bekämpfungsmaßnahmen waren vergebens, bis man das gefährliche Insek-
ten-Kontaktgift DDT einsetzte. Seitdem war der braune
Käfer fast verschwunden. Ob das so bleibt, wusste damals
niemand. Denn nach der 200jährigen Maikäfer-Chronik
hat das Insekt schon 30 Jahre Pause gemacht und war
dann plötzlich da. Auch jetzt nach 40 Jahren zeigt er sich
wieder. Waldbesitzer fürchten ihn, Naturfreunde sehen
ihn als Gesandten der Vielfalt.
Lebende Maikäfer gesucht. Zahle pro Paar DM 2,50 (1 DM
= 0,51129 EURO). Diese etwas ungewöhnliche Anzeige erschien im Mai 1978 in der Insektenbörse. Der Wissenschaftler, der diese Anzeige aufgab, setzte seine letzte Hoffnung auf diese Suchanzeige. Irgendwo in Mitteleuropa
musste der Maikäfer doch in größerer Zahl überlebt haben, der Käfer, der schon seit drei Jahrhunderten in einem
Kinderlied besungen wird, der Wilhelm Busch zu einer
Max-und-Moritz-Episode   inspiriert   hatte,   der   als

Schokoladen-Krabbeltier täglich zu Tausenden in naschhafte Kindermäuler wandert, den die gleichen Kinder aber nur noch aus Abbildungen kennen.

Diesmal wurde die Hoffnung des Wissenschaftlers nicht enttäuscht. Auf seine Anzeige hin bekam er Angebote aus der Schweiz und aus dem Bayrischen Wald. So konnte er 50 Paare kaufen.

Ein Vierteljahrhundert vorher noch hätte er nur in den in Darmstadt befindlichen Garten zu gehen brauchen, um Hunderte der gefräßigen braunen Schädlinge in ein paar Minuten von den Bäumen zu schütteln. Damals, so erinnere ich mich, trat der Maikäfer etwa alle vier Jahre noch in riesigen Massen auf und richtete große Schäden an Nutzpflanzen an. Entsprechend rigoros waren denn auch die Bekämpfungsmaßnahmen, wenn Pflanzenschutz-Experten ein Massenauftreten vorausgesagt hatten. Die Schilderung einer großangelegten DDT-Sprühaktion im Jahr 1955 liest sich in einer Tageszeitung dann fast auch so martialisch wie ein Kriegsbericht:

„Es war ein warmer Maiabend, als die Männer der Kampftruppe am Waldrand ankamen. Auf der großen Ladefläche des geländegängigen Lastkraftwagens stand die Vernichtungswaffe, eine neue großkalibrige Kanone. An diesem Abend sollte sie erstmals ihre todbringende Wirkung gegen einen Feind unter Beweis stellen, der kurz nach Sonnenuntergang zu einem Massenangriff antreten würde. Als die Sonne hinter dem Horizont verschwand, machten sich die Männer kampfbereit. Sie streiften ihre Schutzanzüge über und gingen am Rand des Laubwaldes in Stellung. Auf den Feldern und Wiesen in der Nähe des Waldes kamen in diesem Augenblick Tausende und aber Tausende von Feinden ans Dämmerlicht und starteten zum Angriff auf den Waldrand. Sie waren nur die Vorhut. Die Hauptmasse der Angreifer würde erst folgen. Jetzt setzte sich der Lastwagen langsam in Bewegung. Aus dem dicken Rohr der steil nach oben gerichteten Kanone sprühte eine mächtige Nebelfontäne gegen die Eichen und Buchen am Waldrand, fünfzehn, zwanzig Meter hoch. Der Wassernebel benetzte jedes Blatt. Ein leichter Westwind trieb die Nebelschwaden noch weiter in den Wald hinein, den Nebel, der ein tödliches Gift enthielt, den jeder der Angreifer innerhalb kurzer Zeit zum Opfer fallen würde."

Der Erfolg dieser Aktion war dann auch in der Tat durchschlagend. Als der Wissenschaftler am darauffolgenden Morgen den Kampfplatz aufsuchte, war der Boden am Rande des Laubwaldes über und über bedeckt mit toten Maikäfern. In dieser Masse von Maikäferlaibern fielen die Leichen der anderen kleinen Waldbewohner kaum auf, alle die Fliegen und Mücken, die Spinnen und vielen anderen Käferarten, die Schmetterlinge und die Heuschrecken, die Bienen, Wespen und die Ameisen, die dem Gift ebenfalls zum Opfer gefallen waren. Seit 1972 ist DDT wegen seiner Gefährlichkeit für Mensch und Tier weltweit verboten. Wohl gegen kein anderes Tier ist der Mensch so rigoros zu Felde gezogen wie gegen den Maikäfer.

Juni – der Rosenmonat

DIE „KÖNIGIN DER BLUMEN" BLÜHT WIEDER ÜPPIG, IM GANZEN LAND

Die Rosenliebe der Menschen reicht weit zurück. Vor rund 5000 Jahren wurden in China erste Rosengärten angelegt. Die Sumerer, die mehrheitlich im 3. Jahrtausend vor

Christus im südlichen Staatsgebiet des Landes Irak lebten, haben nachweislich Rosen gezüchtet; auf einer 4000 Jahre alten sumerischen Tafel befindet sich die wohl älteste Rosendarstellung der Welt. Auch in Persien (im westlichen Iran) wurden früh Anlagen mit stark duftenden Rosen bepflanzt. Später, in der Antike erreichten die ersten Gartenrosen über Griechenland auch Europa. Im Römischen Reich (8. Jahrhundert v. Chr. – 7. Jahrhundert nach Chr.) galten sie als Luxusgut. Die Menschen nutzten sie schon damals zur Herstellung von Parfüms und Heilmitteln.

In der Aromatherapie wird die Blume auf Grund ihrer beruhigenden wie stimmungsaufhellenden Wirkung als Heilpflanze eingesetzt. Vor allem die in Persien kultivierte Damaszener Rose wurde bereits in den Jahrhunderten um die Zeitwende in Arabien und Indien für die Heilwirkung geschätzt, im 12. Jahrhundert lobte auch Hildegard von Bingen (1098 – 1179) ihre positiven Effekte auf Gemüt und Körper.

Die europäische Rosenzucht begann, als rund 500 Jahre später Seefahrer die Pflanze aus chinesischen Gärten mitbrachten. Durch die Kreuzung europäischer und asiatischer Rosen kam es zu der großen Vielfalt alter und neuer Sorten. Die einen verströmten einen betörenden Duft, andere faszinierten durch ihre Farben und Blütenformen. Kein Wunder also, dass allein rund 60 000 Sorten zu den Garten- und Schnittrosen zählen, die alle namentlich unterschieden werden wollen. Und jedes Jahr kommen weitere hinzu. Allein die großen deutschen Züchter präsentieren jährlich bis zu 30 neue Rosenarten.

Die „dornige Schönheit" hat es aber nicht nur Gartenliebhabern angetan, die Rose gilt auch als Symbol der Liebe. Und so inspirierte wohl kaum eine andere Blume so viele

Künstler. Dichter und Schriftsteller fanden blumige Worte für sie. Maler und Musiker verewigten sie in ihren Werken. Ein anderer Grund, warum sie die Fantasie anregt, mag an ihrer Zwiespältigkeit liegen. Denn: keine Rosen ohne Dornen. „Ärgere dich nicht darüber, dass der Dornenstrauch Rosen trägt", besagt ein arabisches Sprichwort. Der im Libanon geborene Dichter Khalil Gibran (1883 – 1931) gibt zu bedenken, dass auch eine weiße Rose einen schwarzen Schatten wirft.

Durch die Blume gesagt
Denn auch die größte Liebe kann einmal vergehen und sich in Hass verwandeln. Statt dem geliebten Menschen rote Rosen zu schenken folgt ein „Rosenkrieg". Der übrigens wird nicht ausgetragen, indem man dem Partner den Blumenstrauß vor die Füße wirft. Der Begriff geht auf die mit Unterbrechungen geführten Auseinandersetzung der beiden englischen Adelshäuser York und Lancaster von 1455 – 1485 zurück. Beide beanspruchten die englische Königskrone. Die Kämpfe forderten einen hohen Blutzoll im britischen Adel und beendeten unter anderem die männlichen Linien dieser Häuser. Die Wappen der beiden gegnerischen Familien enthielten Rosen (eine rote Rose für Lancaster, eine weiße Rose für York).
Versöhnlicher ist die Idee der Friedensrose. So hat die Rosenstadt Eltville am Rhein der im Zweiten Weltkrieg 1945 durch eine Atombombe weitgehend zerstörten japanischen Stadt Hiroshima eine Rose gewidmet. Zeichen für eine friedvolle, atomwaffenfreie Welt. Zum 70. Geburtstag des Weltkriegsendes wurde im Jahr 2015 in Norddeutschland die Strauchrose „Friedenslicht" getauft, erste Exemplare wurden in Gedenkstätten gepflanzt.
So ist die Rose eine Blume, die Gemüt und Seele wärmt. Bezeichnend ist das Rosenwunder der heiligen Elisabeth

von Thüringen. Der Legende nach soll sie Brot für Bedürftige in einem Korb versteckt haben. Als sie kontrolliert wurde, hatte sich der Inhalt in duftende Rosen verwandelt. Der deutsche Dichter und Schriftsteller Rainer Maria Rilke (1875 – 1926) wird Jahrhunderte später schreiben: „Es gibt Augenblicke, in denen eine Rose wichtiger ist als ein Stück Brot."

Unser Grundgesetz und die Notstandsverfassung

1968 WURDEN DIE NOTSTANDSGESETZE VERABSCHIEDET

Die Proteste 1968 waren groß: Damals verabschiedete der Bundestag die Notstandsgesetze. Es war das bis dahin wohl am heftigsten umstrittene Gesetzesvorhaben in der Bundesrepublik: Am 30. Mai 1968 verabschiedete der Bundestag die Notstandsgesetze. Unserem Grundgesetz ist seither eine Notstandsverfassung beigefügt, die in einer

Krisensituation den Handlungsspielraum des Staates erweitern, aber auch die Grundrechte einschränken kann. Möglich wurde die Verfassungsänderung, weil seit 1966 eine große Koalition aus CDU und SPD regierte, die über die notwendige Zweidrittelmehrheit verfügte. Das Verfahren wurde bundesweit von massiven Protesten begleitet. Als die Abgeordneten zur dritten Lesung und namentlichen Abstimmung im Bundestag zusammenkamen, glich das Bonner Parlamentsgebäude eher einer Festung. Einheiten der Bereitschaftspolizei waren mit Absperrgittern und Wasserwerfern aufgezogen. Zehntausende Menschen demonstrierten lautstark in der Stadt. „SPD und CDU: Lasst das Grundgesetz in Ruh!" stand auf Transparenten. Die Proteste blieben an dem Tag aber friedlich. Studenten, Intellektuelle und Gewerkschafter waren gegen das Gesetzesvorhaben angerannt. Die außerparlamentarische Opposition befürchtete, dass der Staat diktatorische Vollmachten erhielte. Schriftsteller wie Heinrich Böll, Pfarrer und Professoren warnten vor einer „Selbstausschaltung" der noch jungen westdeutschen Demokratie. Die Notstandsgesetze waren zu einem Kristallisationspunkt des Studentenprotestes im Jahr 1968 geworden. Laut Inhalt des Gesetzes kann bei einem inneren oder äußeren Notstand ein „Notparlament" als Ersatz für Bundestag und Bundesrat zusammentreten. Die Bundeswehr das zur „Bekämpfung militärisch bewaffneter Aufständischer" - also auch gegen die eigene Bevölkerung - im Inneren eingesetzt werden. Von der Beschränkung der Grundrechte wäre vor allem das Post- und Fernmeldegeheimnis betroffen.

Im Rückblick erschienen viele Befürchtungen überzogen. Allerdings waren sie auch nicht völlig aus der Luft gegriffen. Schließlich war damals nicht alles klar gewesen, wie der Staat künftig mit den Notstandsregelungen umgeht, ob er sie aktiviert. Bis heute sind die Notstandsgesetze nicht angewendet worden - auch dann nicht, als die Attentate der RAF die Bevölkerung und die Politiker verunsicherten und als islamistische Terroristen später Anschläge verübten oder androhten. Auch als fast 20 000 Bundeswehrsoldaten bei der Flutkatastrophe 2013 Sandsäcke stapelten und vom Wasser umschlossene Dörfer evakuierten, geschah das nicht auf Grundlage der Notstandsgesetzgebung.

In den vergangenen Jahrzehnten spielten die Notstandsgesetze in der öffentlichen Diskussion kaum noch eine Rolle. Die Demokratie hat sich relativ schnell stabilisiert. „Wir können mit Konflikten in rechtsstaatlichen Bahnen umgehen, ohne dass wir irgendwelche Sondervollmachten brauchen." Eine Abschaffung der Notstandsgesetze hält der Göttinger Staatsrechtler Professor Dr. Alexander Thiele (39) gleichwohl nicht für sinnvoll.: „Wir sollten heute eher über eine Modernisierung nachdenken", sagt er. „Und schauen, ob sie nicht neuen Bedrohungslagen anzupassen wären."

Tag des Apfelweins

EINE INTERNATIONALE LIEBESERKLÄRUNG AN DAS NATIONALGETRÄNK DER HESSEN

Wer sich am Mittwoch dieser Woche zum Feierabend ein „Schöbbsche" gegönnt hat, der hat gut daran getan: Weitgehend unbeachtet von weiten Teilen der globalen Öffentlichkeit ist am 3. Juni der Welt-Apfelwein-Tag 2020 über die Bühne gegangen. Richtig gelesen: Das Nationalgetränk der Hessen – und speziell der Odenwälder – hat einen eigenen Welttag! Warum auch nicht, wenn ein solcher auch der zivilen Luftfahrt, der Jogginghose, der Minzschokolade, dem Fahrrad (der war auch am Mittwoch), der Rohkost, dem Kaffee, der Zahngesundheit, der Putzfrau, dem Gegenteil, der Piratensprache und vielen anderen wichtigen Dingen zugestanden wird. Welt-Apfelwein-Tag klingt freilich etwas vermessen angesichts der Tatsache, dass es immer noch zu den großen Herausforderungen für Odenwälder Weltreisende gehört, außerhalb der Grenzen Hessens an trinkbaren Apfelwein zu kommen. Und eines muss klargestellt werden: alles was sich da unter dem Namen Cidre – oder so ähnlich – auf dem Markt befindet, hat mit Ebbelwoi nichts zu tun. Deshalb erkennt man Odenwälder in fremden Ländern immer sehr zuverlässig daran, dass sie beim zweifelhaften Genuss landestypischer Getränke – wie schalem Bier oder trockenem Traubenwein – eine von Heimweh gezeichnete Trauermiene aufsetzen und ins schwärmerische Erzählen geraten – von der Heimat, ihren Äpfeln und dem Besten, was aus diesen werden kann. Seit der Apfelwein den Weg in die Dose gefunden hat – und damit zu einem Odenwälder Exportschlager geworden ist – mag sich diese Situation ein wenig gebessert haben. Den Selbstgekelterten aus dem Fass im Keller kann aber auch diese Alternative nicht ersetzen. Deshalb wird es wohl auch beim Welt-Apfelwein-Tag 2021 immer noch nur ein frommer Wunsch sein, dass das Stöffsche tatsächlich den Globus erobert.

Luthers kraftvolle Sprache

Dr. Martin Luther (1483 - 1546) werden viele redensartlich gewordene Zitate zugeschrieben: einige davon sind seiner Bibelübersetzung entnommen, die er auf der Wartburg anfertigte, wo er sich von 1521 bis Anfang 1522 inkognito als „Junker Jörg" versteckt hielt. Doch längst nicht alle „Luther Zitate" können als belegbar gelten. Dass dem sprachmächtigen Reformator so viel zugesprochen wurde und wird, was er tatsächlich nicht geäußert hat - auch die Sache mit dem noch pflanzenden Apfelbäumchen ist ja nicht belegbar -, das ist doch ein Ausdruck davon, dass man Dr. Martin Luther alle diese Äußerungen zutraute. Und das kommt nicht von ungefähr. Er hat nämlich Sprichwörter gesammelt und weiterverwendet - und so für ihre dauerhafte Verbreitung gesorgt. Er war über Jahrhunderte hinweg prägend auch für Sprichwörtliches. Seine Größe zeigt sich mit jeder neuen Bibelübersetzung, die feierlich sein und trotzdem einen modernen Sprachton treffen will, dem Dr. Martin Luther ist das sehr gut gelungen. Er war sehr sprachbegabt und er hatte das historische Glück, nicht daran zu glauben, dass man am Urtext der Bibel kein Jota ändern dürfe, wie Prof. Ludwig Maximilian Eichinger, seit 2002 Direktor des Instituts für Deutsche Sprache in Mannheim berichtete. Der renommierte Sprachwissenschaftler bezeichnet Dr. Martin Luther als einen bedeutenden Menschen für die Entwicklung der deutschen Sprache und für das Nachdenken über die deutsche Sprache - und somit auch bedeutsam für ihn als Sprachwissenschaftler. Er bewundere ihn und habe Hochachtung vor seiner Leistung. Im Folgenden werden Beispiele für belegte Sprüche aufgeführt - und für andere, die so nicht gesagt wurden oder nicht Dr. Martin Luther als Urheber oder Verbreiter aufweisen. Ob er die durch ihn bekannt gewordenen Wendungen wirklich erdacht hat, lässt sich oft kaum nachweisen - und immer wieder ist ein Wortlaut auch etwas anderes und sind die Wendungen dann in leicht abgewandelter Form bekannt geblieben.

„Es ist die größte Torheit, mit vielen Worten nichts zu sagen"

„Pfaffen sollten reden und nicht regieren"

„Wer nicht liebt Wein, Weib und Gesang, der bleibt ein Narr sein Leben lang"

(Dieser Spruch wird ohne Gewähr auf Dr. Martin Luther zurückgeführt, findet sich in dieser Form aber weder in seinen Schriften noch in Zeugnissen über ihn)

„Dem Volk aufs Maul schauen"

„Wes das Herz voll ist, das geht der Mund über"

„Perlen vor die Säue werfen"

„Hier stehe ich, ich kann nicht anders. Gott helfe mir. Amen"

(Das soll Dr. Martin Luther auf dem Reichstag zu Worms im Jahr 1521 gesagt haben, doch belegbar ist wohl nur der zweite Teil der Äußerung)

„Wenn ich wüsste, dass morgen die Welt unterginge, würde ich noch heute ein Apfelbäumchen pflanzen"

(Tatsächlich kursiert der Sinnspruch erst seit ungefähr 100 Jahren)

„Jedermann schneidet gern die Bretter da wo sie am dünnsten sind, man bohrt nicht gern durch dicke Bretter"

„Wer den Pfennig nicht ehrt, ist des Talers nicht wert"

(Bei Dr. Martin Luther lautet der Sinnspruch eigentlich: „wer einen pfennig nicht acht, wird keinen gulden herr")
„Aus dem Herzen keine Mördergrube machen"
„Einen traurigen, verzagten Menschen fröhlich zu machen, ist mehr, als ein Königreich zu erobern"
„Hochmut kommt vor dem Fall"

Domstein vom Felsenmeer

Ein Odenwälder in Trier: Vor dem Haupteingang zum Dom St. Peter zu Trier, der ältesten Bischofskirche Deutschlands, befindet sich der sogenannte Domstein, der als „weltberühmteste Trierer Rutschbahn" gilt. Hierbei handelt es sich um ein Fragment eine von vier den ersten Dombau stützenden Granitsäulen. Diese sind, im Odenwälder Felsenmeer gebrochen und auf dem Wasserweg über Rhein und Mosel nach Trier gebracht worden. Jede Säule war ursprünglich 12 Meter lang und wog ca. 65 Tonnen.

Geschichte des Fronleichnamsfestes

Mit dem Fronleich-
namsfest verehren die
Katholiken auch in
Hering und Umge-
bung die heilige Eu-
charistie, also die Um-
wandlung von Brot
und Wein in der Mess-
feier in Leib und Blut
Christi. Fronleichnam

bedeutet „Leib des Herrn". Der Feiertag wird in Erinnerung
an das letzte Abendmahl Jesu mit seinen Jüngern am
Abend vor seinem Tode weltweit am zweiten Donnerstag
nach Pfingsten begangen. An Fronleichnam wird eine heilige Messe gefeiert. Im Mittelpunkt steht aber eine Prozes-
sion, bei der die geweihte Hostie - nach katholischem
Glauben dann der Leib Christi - in einer vom Priester ge-
tragenen Monstranz, einem kelchähnlichen Gefäß, durch
die Straßen getragen wird.

Nicht nur Mordprozesse

Als langjähriger ehrenamtlicher Richter am Landgericht Darmstadt weiß ich, dass sich in meiner Umgebung kaum jemand mit dem deutschen Recht beschäftigen will. Es sei denn, er oder sie fühlt sich von einer Ungerechtigkeit betroffen. Ansonsten werden Recht und Gesetz meistens als strohtrocken und unüberschaubar empfunden. Und das nicht ohne Grund! Wussten Sie, dass in der Bundesrepublik Deutschland durchschnittlich 1800 Gesetze angewendet werden? Dazu kommen noch mehr Rechtsverordnungen, die unser Zusammenleben regeln sollen. Mal werden manche abgeschafft, mal kommen neue hinzu. Wen wundert's also, dass man im Duden das Wort „Paragrafendschungel" (= abwertend für die zahlreichen Paragrafen, die für den Laien verwirrend sind) zu finden ist. Von der Geburt über die Wohnung, die Steuer und die Rente: Es gibt wohl keinen Lebensbereich, den der Gesetzgeber nicht geregelt hat. Gerichtsverfahren bestehen natürlich nicht ausschließlich aus großen Mordprozessen oder politisch angehauchten Verfahren. Vielmehr gibt es da auch Prozesse um Verkehrsdelikte oder kleine Diebstähle, um Drogenhandel und Beleidigung. Was für die Betroffenen bedeutend, aber von der Öffentlichkeit weitgehend unbeachtet bleibt, sind zum Beispiel die Zivilprozesse zur Feststellung und Durchsetzung privatrechtlicher Ansprüche: Kleine nachbarschaftliche Streitigkeiten, die im Verlauf der Instanzen (= Amtsgericht, Landgericht, Oberlandesgericht und Bundesgerichtshof in Karlsruhe) immer größer werden können. Streit um Mieterhöhungen oder nicht erfüllte Verträge; aber auch Klagen gegen den Staat, etwa wegen nicht erfolgter Beförderung eines Beamten; Verfahren um Entlassungen oder Prozesse um soziale Fragen (Instanzen: Sozialgericht, Landessozialgericht, Bundessozialgericht in Kassel).

Und für alle gibt es in Deutschland spezielle Gerichte beziehungsweise Justizbereiche, dazu gehörend auch unterschiedliche Berufe im Justizwesen (= Richter, Staatsanwälte, Rechtsanwälte, Rechtspfleger und Rechtspfleger). Die meisten Menschen gehen davon aus, dass sie niemals vor Gericht erscheinen müssen., da sie ja kein Unrecht tun. Das kann sich schnell ändern, etwa wenn jemand als Zeugin oder Zeuge aussagen muss: bei einem Verkehrsunfall, im Falle einer Straftat, bei einer erfolgten Beleidigung. Auch bei etwa ungerechtfertigten Kündigungen oder in anderen Arbeitsrechtssachen bleibt manchmal nur der Weg zum Gericht. Ebenso bei bezahlter, aber nicht gelieferter Ware. Und im Zweifelsfalle ist man froh, dass ein Gericht eine strittige Sache klärt.

Welches ist das zuständige Gericht?
Wo aber bin ich richtig? Muss ich zum Amtsgericht oder zum Landgericht? Wann ist ein Verwaltungs- oder ein Sozialgericht zuständig? Stehe ich dann vor einem Richter oder einer Richterin oder urteilt eine ganze Kammer (= Spruchkörper eines Gerichts bestehend aus Berufs- und ehrenamtlichen Richtern)? Die Antworten auf all diese Fragen finden sich in Gesetzen, unter anderem der deutschen Strafprozessordnung (StPO) und dem deutschen Gerichtsverfassungsgesetz (GVG).
Interessant ist es auf jeden Fall, sich einmal selbst davon zu überzeugen, wie es vor Gericht zugeht. Das kann

ebenso spannend wie langweilig, einfach zu durchschauen wie kompliziert sein. Auf jeden Fall aber ist es öffentlich. Denn im deutschen Recht gilt der Öffentlichkeitsgrundsatz der Justiz. Das heißt, dass alle Hauptverhandlungen in Strafsachen sowie mündliche Verhandlungen in Zivilsachen für die Öffentlichkeit zugänglich sind. Ausnahmen sind Straf- und Bußgeldverfahren gegen Jugendliche und Heranwachsende (= Personen zwischen 14 und 21 Jahren) sowie Verfahren, in denen das Gericht aus besonderen Gründen die Öffentlichkeit ausgeschlossen hat (etwa in Vergewaltigungsprozessen zum Schutz der Zeugen oder Geschädigten).

1948 wurde die D-Mark eingeführt

MIT IHR ENTSTAND DAS WIRTSCHAFTSWUNDER

Die Grundlagen des heutigen Wohlstands in Deutschland wurden mit der Währungsreform am 21. Juni 1948 und in den darauffolgenden Jahren gelegt. Die alte Reichsmark (1924 - 1948) war nach dem verlorenen Krieg praktisch wertlos. Am ersten Tag der Reform bekam jeder Bürger in Westdeutschland 40 D-Mark (DM) ausgehändigt. Einen Monat darauf noch einmal 20 DM. Das Vertrauen in die neue Währung sorgte dafür, dass über Nacht die Regale der Geschäfte mit den zuvor zurückgehaltenen Waren wieder aufgefüllt wurden. Ob Schinken oder Tabak, plötzlich gab es alles, was zuvor höchstens zu Mondpreisen oder im Tauschhandel auf dem Schwarzmarkt zu bekommen war.

Zum Symbol für das in den 50er Jahren des vergangenen Jahrhunderts folgende Wirtschaftswunder wurde die D-Mark jedoch durch eine politische Entscheidung des damaligen Bundeswirtschaftsministers Prof. Dr. Ludwig Erhard (1897 - 1977). Westdeutschland sollte eine Soziale Marktwirtschaft erhalten.

Beteiligung der Gewerkschaften
Die Soziale Marktwirtschaft erwies sich über Jahrzehnte als Erfolgsmodell. Unternehmen dürfen sich einerseits frei und möglichst wenig beeinflusst betätigen. Im Gegenzug entstand ein ausgedehntes soziales Netz. Starke Gewerkschaften sorgten für eine Beteiligung der Arbeitnehmer am wachsenden Volkseinkommen- und die Sozialpartnerschaft zwischen Arbeitgebern und Gewerkschaften wirkte befriedend. Diese Stabilität wirkte sich auch im Wert der D-Mark aus, die auf dem Devisenmarkt eine zunehmend wichtige Rolle spielen sollte und zur wichtigsten Reservewährung hinter dem US-Dollar aufstieg.

Der Anspruch blieb auf der Strecke
Das zentrale Versprechen der Sozialen Marktwirtschaft ist die Existenzsicherung der Bürger im Notfall. Mit der Verkündung der Agenda 2010 des damaligen Bundeskanzlers Gerhard Schröder (74) im Jahr 2003 verlor diese Zusage aber teilweise ihre Gültigkeit. Mehr Eigenverantwortung forderte der sozialdemokratische Bundeskanzler von den Menschen. An die Stelle der vergleichsweisen üppigen Arbeitslosenhilfe rückte das Arbeitslosengeld II, kurz Hartz IV, das nur noch ein Leben an der Armutsgrenze sichert. Wirtschaftlich blieb Deutschland insgesamt erfolgreich - doch der Anspruch, alle an den Erfolg teilhaben zu lassen, blieb auf der Strecke. Manche Kritiker sehen schon das Ende der Sozialen Marktwirtschaft nahen.

Dabei wird in Deutschland ein großer Teil der Wirtschafts-
leistung umverteilt. So viel Geld wie heute wurde noch nie
für Soziales ausgegeben. Fast 174 Milliarden Euro sieht
der Bundeshaushalt in diesem Jahr dafür vor. Das ist etwas mehr als die Hälfte aller Ausgaben. Es gibt zum Beispiel mehr als 200 familienfördernde Leistungen und die
Rente wird zu einem Drittel aus Steuergeldern finanziert.
Und doch geht vielen der Glaube verloren, in einer Sozialen
Marktwirtschaft zu leben., auch weil die Kluft zwischen
Arm und Reich als wachsend wahrgenommen wird.
Es gibt zwar eine breite Übereinstimmung, dass das Er-
folgskonzept Soziale Marktwirtschaft gerettet werden
sollte. Doch die Reformideen dafür sind noch dürftig. Denn
das System ist von außen unter starken Druck geraten.
Die Globalisierung und die Digitalisierung geben der Wirtschaft den Takt vor. Allein national einen sozialen Aus-
gleich zu finanzieren ist angesichts der weltweiten Wettbe-
werbssituation schwierig. Es braucht neue Regeln, damit
technischer Fortschritt wieder den Menschen zugute-
kommt.

100 Jahre Frauenwahlrecht

EINE UNGLAUBLICHE LEISTUNG

Es war eine unglaubliche Leistung unserer Vorfahrinnen,
die harte und lange Kämpfe ausgefochten haben, um das
Frauenwahlrecht in Deutschland vor 100 Jahren durch-
zusetzen. Ebenso verdanken wir starken Frauen - wie Elisabeth Selbert (1896 - 1986) - die Verankerung der

Gleichberechtigung von Frauen und Männern im Grundgesetz. Am 30. November 1918 trat in Deutschland das Reichswahlgesetz mit dem allgemeinen aktiven und passiven Wahlrecht für Frauen in Kraft. Am 19. Januar 1919 konnten mehr als 17 Millionen Frauen erstmals in Deutschland reichsweit wählen und gewählt werden, denn an diesem Tag fanden allgemeine, gleiche, geheime und direkte Wahlen zur verfassungsgebenden Deutschen Nationalversammlung statt. 300 Frauen kandidierten, 37 Frauen - insgesamt gab es 423 Abgeordnete - werden schließlich gewählt. Auch wenn die Wählerinnen in ihrer Mehrzahl den konservativen Parteien (Zentrum, BVP, DVP) ihre Stimmen gaben, waren die meisten weiblichen Abgeordneten doch in den Reihen der SPD zu finden.

Zum Frauenwahlrecht war es ein langer Weg

Das Frauenwahlrecht ist nicht einfach vom Himmel gefallen. Es musste von den Frauen genauso ersehnt, eingefordert und erkämpft werden wie das allgemeine Wahlrecht für die männlichen Bürger. Doch der Weg dahin war für Frauen deutlich länger. In Preußen galt seit 1848 das so genannte Dreiklassenwahlrecht. Das aktive Wahlrecht stand allen Männern nach Vollendung des 24. Lebensjahres zu. Frauen und Fürsorgeempfänger durften nicht wählen. Die Wähler wurden entsprechend der Höhe ihrer Steuerzahlungen in die Abteilungen (Klassen) eingeteilt. Der ersten Abteilung, die sich aus Adeligen und Großgrundbesitzer zusammensetzte, gehörten die Wähler an, die die höchsten Steuerzahlungen leisteten. Die zweite Abteilung, in der zum Beispiel Kaufleute vertreten waren, umfasste die Wähler mit einem mittleren Steueraufkommen. Die übrigen Wähler, die die geringsten Steuern zahlten, bildeten die dritte Abteilung. 1850 umfasste die erste Abteilung ca.

5 Prozent, die zweite Abteilung ca. 13 Prozent und die dritte Abteilung ca. 83 Prozent der preußischen Wähler.

Das Frauenwahlrecht in Deutschland

In Deutschland kämpfte um 1900 insbesondere die SPD für das Wahlrecht. Auch engagierte Frauen außerhalb der Sozialdemokratischen Partei setzten sich vehement für das Frauenwahlrecht ein, waren sie doch unabhängig von Alter, Einkommen oder Tätigkeit davon komplett ausgeschlossen. Die gemäßigte bürgerliche Frauenbewegung strebte ein eingeschränktes Wahlrecht an. Die radikaleren sozialistischen Frauen forderten dagegen auf dem ersten internationalen sozialistischen Frauenkongress 1907 in Stuttgart das allgemeine Frauenwahlrecht.

Das Frauenwahlrecht, das uns heute so selbstverständlich ist, musste sich gegen viele Vorurteile von Männern und Frauen durchsetzen. So wurde Frauen etwa verminderte Intelligenz und durch ihre Gebärfähigkeit eine „natürliche" Bestimmung für den privaten scheinbar politikfernen Bereich zugeschrieben. Viele weitere politische Schritte mussten in der Folgezeit gegangen, viele weitere Rechte und Ansprüche gesetzlich verankert werden.

Die Juristin Elisabeth Selbert, eine der vier „Mütter des Grundgesetzes" setzte mit großem Einsatz durch, dass der Satz „Männer und Frauen sind gleichberechtigt" am 25. Mai 1949 in unserem Grundgesetz als Verfassungsgrundsatz aufgenommen wurde. Das Zahlenverhältnis von Männern und Frauen in den Parlamenten hat sich über die Jahre hinweg verbessert. Dennoch liegt der Anteil weiblicher Parlamentarier im Deutschen Bundestag heute lediglich bei 36,5 Prozent. Damit ist der Frauenanteil im Deutschen Bundestag so hoch wie nie zuvor und liegt über dem europäischen Durchschnitt nationaler Parlamente, der etwa bei 27 Prozent liegt.

Ein Stück vom Himmel auf Erden

Der Kirchturm von „Mariä Geburt", der katholischen Kirche in Hering, sowie der Querschiffanbau, der das Gotteshaus mit dem 1480 errichteten Chor um zwei Drittel vergrößerte, wurde am 28. November 1929 von Bischof Ludwig Maria Hugo im Beisein des Domdekans Professor Jakob May (ein Bruder des damaligen Heringer Pfarrers Josef May) und 16 weiteren Geistlichen aus der Umgegend feierlich konsekriert. Geplant wurde diese gelungene Baumaßnahme von dem Darmstädter Hochschulprofessor Dr. Meißner, Denkmalpfleger für Starkenburg, der es verstand, den einfachen und gerade dadurch so edel wirkenden Kirchturm derart zu konstruieren, dass er in hervorragender Weise mit der Burg harmoniert und - wie Pfarrer Josef May in seiner Pfarrdienstordnung ausführt - die „glücklichste Lösung für Kirche und Umgebung darstellt". Auf Reisen habe ich so manchen Turm gesehen: am Ulmer Münster, den höchsten Turm der Welt, und am Dom von Pisa, den schiefsten Turm. Doch kaum ein Bauwerk kann es mit dem Turm der Heringer Bergkirche aufnehmen, obgleich er keine stattlichen Heiligenfiguren oder dämonisierenden Wasserspeier aus Stein zu bieten habe. Er brauche sie auch nicht. Den malerischen Ort Hering, der bis in die 60er Jahre des vorigen Jahrhunderts im Gemeindesiegel noch die Bezeichnung „Stadt" geführt habe, dominiere er auch ohne Schmuck und Schminke. Dass dieser Turm so ehrlich wirke, hänge vielleicht auch mit der Geschichte des altehrwürdigen, von vielen älteren Mitgliedern als Mutterkirche bezeichneten Gotteshauses zusammen. Bereits 29 Jahre nach Auflösung des Simultaneums (1772 - 1900) - während dieser Zeit wurde das Gotteshaus von beiden Konfessionen benutzt – erfolgte die inzwischen erforderlich gewordene Erweiterung des mit einem kleinen Dachreiter und zwei Glöckchen ausgestatteten. Im Zuge dieser Baumaßnahme ist auch der Turm entstanden, den man mit der „Veste Otzberg" von weitem erkennen kann. Die Gemeinde zählte damals rund 500 Einwohner, von denen 200 Katholiken waren. Außerdem kamen Sonntag für Sonntag viele Gläubige aus den umliegenden Dörfern (Lengfeld, Weiler Zipfen, Wiebelsbach, Frau-Nauses, Ober-Nauses, Schloss-Nauses, Nieder-Klingen, Ober-Klingen und Hassenroth) auf den Otzberg, um dort in der Marienkirche Gott zu begegnen und die Eucharistie zu feiern. Sie alle waren mit ihrem Pfarrer Josef May (1869 - 1950) und dem damaligen Kirchenvorstandsmitglied, dem engagierten Helfer beim Kirchenanbau und Stifter der Christ-Königs-Glocke, den aus Habitzheim stammenden und von den Nazis hingerichteten Friedrich Johann Coy (1891 - 1944) stolz auf diesen neu erbauten Turm und der Kirchenerweiterung. Die Gemeindemitglieder seien glücklich gewesen, endlich einen Turm zu haben, der hoch in den Himmel rage. Alle Menschen hätten nun spüren können: „Gott ist bei uns mitten im Leben", so der damalige Geistliche Josef May.

Darauf würden auch die drei Glocken aufmerksam machen, die im gleichen Jahr hoch oben im Turm aufgehängt worden seien. Ihr Klang habe sich ausgebreitet und diene wie der Turm zur Orientierung. Während sein Signal ein optisches sei, so setzten die in ihm befindlichen Glocken ein akustisches Zeichen. Wenn sie morgens, mittags und abends läuteten, würden sie den Menschen nicht in erster Linie die Uhrzeit in Erinnerung rufen, sondern vor allem die Gebetszeiten. Sie gäben zeitliche und geistige Ausrichtung. Glocken sind seit Jahrhunderten wichtige Mahner für die Menschen, „die uns erinnern, dass wir unser Leben im Einklang mit Gott verbringen sollen".

Früher hörten die Menschen auf zu arbeiten, wenn die Glocken geläutet wurden und beteten kurz miteinander den „Engel des Herrn" oder den „Angelus". Noch während meiner Kindheit wurde das Seil, welches das Glockenjoch bewegte und somit die Glocken zum Schwingen brachte, meist von den Messdienern von Hand gezogen. Heute setzt ein computergesteuerter Motor die Glockenräder in Gang, das Glockenjoch bewegt sich und mit ihm die Glocke, die mit der sogenannten Glockenkrone am Joch befestigt ist. Der Klöppel schlägt an, dann folgt die Gegenbewegung. Jeder hat die Glocken oft gehört, aber kaum einer richtig gesehen. Ich konnte im ersten Jahr meines Messdienerdienstes bei der am 2. September 1951 erfolgten Weihe der ersten drei Glocken dabei sein - die alten Glocken waren im Krieg eingeschmolzen worden. Noch heute bin ich glücklich darüber sie aus nächster Nähe gesehen zu haben, bevor sie aufgehängt wurden. Im Übrigen war das Hochhieven eine außerordentlich schwierige Arbeit, an der auch mein 1979 verstorbener Vater beteiligt war, der noch viele Jahre von der Glockenmontage erzählte.

Tagein, tagaus dreht sich auch der auf der Kirchturmspitze auf einer für die Geometer wichtigen Kugel platzierte Wetterhahn. „Wenn der Gickel mit soim Schwonz noch Frankfoort zeigt, gits Räje orrer im Summer schwere Gewirrer", habe der Land- und Gastwirt („Sternwirt") Johannes Weiß (1887 - 1969) immer erzählt. Ob diese Regel stimmt? Ehrlich gesagt, habe ich auch nie darauf geachtet.

Jedes Mal, wenn ich - gleich aus welcher Richtung kommend - die Ortseinfahrt von Hering erreiche, sehe ich den unmittelbar unterhalb der Veste Otzberg stehenden von mir so geliebten Kirchturm. Er ist wie ein guter alter Freund, der sich freut, wenn ich nach Hause komme. Der Turm erinnert mich auch an meine Wurzeln und an die Hoffnung, dass mehr gilt als die Unzulänglichkeiten der Welt, mit denen wir uns herumschlagen müssen. Ich hoffe, dass mein Kirchturm noch viele Jahrhunderte steht und seine Glocken für die Heringer läuten. Und möge er auch dann noch jemand haben, der ihm eine Liebeserklärung wie diese schreibt:

Jedes Mal wenn ich, gleich aus welcher Richtung kommend, die Ortseinfahrt von meinem Wohnort Hering erreiche, sehe ich den unmittelbar unterhalb der Veste Otzberg stehenden, von mir geliebten Kirchturm. Er ist wie ein guter alter Freund, der sich freut, wenn ich nach Hause komme.

Auf dem Bild unten ist die Simultankirche um 1900 unterhalb der Veste Otzberg abgebildet, die am 2. Mai 1898 der katholischen Kirche übergeben wurde. Das Gotteshaus wurde 1929 unter Pfarrer Josef May (1901 - 1938) durch den Anbau eines Querschiffes um etwa zwei Drittel erweitert. Bei dieser Baumaßnahme wurde auch der 24,65 m hohe, weithin sichtbare Kirchturm errichtet. (Bild oben)

Der Bote des Morgens

Sein Krähen kündigt den Sonnenaufgang an. Schon im alten Persien hatte der Hahn eine religiöse Bedeutung als Künder des Lichts. Auch auf Kirchtürme hat er es geschafft. Unter anderem, weil er den Verrat des Petrus kundtat. Auf der Kirchturmspitze wird das stolze Federvieh meist auf einer Kugel befestigt, damit es seinen Schnabel wartungsfrei in den Wind drehen und die Windrichtung anzeigen kann. Zu leicht allerdings darf die Kugel auch nicht laufen, sonst kommt der Hahn beim kleinsten Windhauch ins Rotieren.

Symbole auf Kirchturmspitzen gibt es ganz unterschiedliche: Kreuze, Sterne, Engel, Erdkugeln, Rosetten oder eben Hähne, die, um von unten wahrgenommen werden zu können, eine Mindestgröße von 1,20 Meter mal 1,20 Meter haben müssen. Immer wieder heißt es, dass katholische Kirchen an einem Hahn und evangelische an einem Kreuz erkennbar seien - oder umgekehrt. Doch das stimmt nicht. Nur bei Schwänen, die oft in Nordwestdeutschland auf den Kirchtürmen anzutreffen sind, ist die Zuordnung klar: Sie gelten als Symbol für Dr. Martin Luther (1483 - 1546), den der tschechische Reformator Jan Hus (1369 - 1414), zu Deutsch Johannes Gans, vorausschauend als Schwan bezeichnet haben soll.

Doch warum kommt ausgerechnet der Hahn auf die Kirchturmspitze? Schon in der altpersischen streng abgeschlossenen Religionsgemeinschaft der Parsen galt das Tier als Künder der göttlichen Morgenröte. Auch die griechische Mythologie kennt ihn als Boten des anbrechenden Morgens. Das früheste Zeugnis für einen Hahn als Wetterfahne auf einem Sakralbau findet sich auf einem römischen Mausoleum aus dem 2. Jahrhundert nach Christus. Der erste Hinweis auf einen Hahn auf einer christlichen Kirche stammt aus dem 9. Jahrhundert. Im Jahr 820 soll der Bischof von Brescia (= eine Stadt in Norditalien) ihn auf seinem Kirchturm angebracht haben.

Für die Christen war es leicht, die Symbolik des Tieres in ihre Religion zu übertragen: Der Hahn ist der erste, der das Ende der Nacht ankündigt, so wie Jesus Christus die Dunkelheit des Todes besiegt hat. Der Hahn weckt die Menschen aus dem Schlaf, Christus erweckt zum ewigen Leben.

Biblisches Symbol
Mehrfach findet sich ein Hahn auch in den Evangelien. Kurz vor seinem Tod prophezeit Jesus dem Petrus, dass dieser ihn drei Mal verleugnen wird - und zwar noch ehe der Hahn kräht. Und so ist es: Aus purer Angst dreht sich Petrus nach dem Wind. Wie der Hahn auf dem Kirchturm, der damit als Mahner zu Reue, Glaubensstärke und Mut gedeutet werden kann.

Auch als Symbol der Wachsamkeit taugt das Tier, das bezeichnender Weise als gallischer Hahn seit der Französischen Revolution (1789 - 1799) immer wieder auch das Symbol des französischen Staates ist. „Seid also wachsam", heißt es im Markus-Evangelium. „Denn ihr wisst nicht, wann der Hausherr kommt, ob am Abend oder um Mitternacht, ob beim Hahnenschrei oder erst am Morgen."

Und wie kommt der Hahn in die luftige Höhe? Oft war das eine halsbrecherische Aufgabe für wagemutige Dachdecker. Erst nach einem Gebet begann der Aufstieg über die im Kirchturmdach verankerten Steighaken zur Spitze. Heute findet der Wachwechsel in der Regel nur dann statt, wenn der gesamte Kirchturm eingerüstet ist. Oder Firmen, die auf Industriekletterei spezialisiert sind, übernehmen die Aufgabe. Andere Traditionen haben sich gehalten: So ist es in vielen Gemeinden üblich, dass der neue Kirchturmgockel einige Zeit im Gotteshaus ausgestellt, geweiht und anschließend von den Handwerkern von Haus zu Haus getragen und vorgestellt wird.

Endlich Urlaub

Nun ist er endlich da, der von uns so lange ersehnte Urlaub. Ob Balkonien oder weit entfernte Länder. Ob Süden oder Norden. Ob Wander- oder Strandurlaub. Für die kleine Auszeit aus dem Alltag geben wir gerne ein bisschen mehr Geld aus, freuen uns aber auch, wenn wir ein Schnäppchen ergattern konnten, sodass noch genügend Budget für Spesen vorhanden ist.

Wir investieren unser hart verdientes Geld in ein paar Tage Luxus. Denn nur im Hotel muss man nicht nach jeder Dusche die Glaswand mit dem Fensterwischer von den lästigen Wassertropfen befreien, die sonst unschöne Kalkflecken hinterlassen. Oder sich jeden Tag darüber Gedanken machen, welches Gericht gekocht wird. Ebenso muss man nicht den Tisch abräumen, das Bett machen oder die Wohnung putzen.

Ganz gleich, ob wir unseren Job und die Heimat lieben - manchmal ist so eine andere Umgebung auch ein Urlaub für die Seele. Da können die Reserven wieder auftanken und der Stress fällt ganz automatisch ab. Wie kann das auch anders sein - bei konstanten 30 Grad mit viel Sonnenschein und Meeresrauschen?

Schließlich gibt es keine bessere Möglichkeit, um alles um sich herum zu vergessen, die Sorgen hinter sich zu lassen und einfach in den Tag hinein zu leben - ohne einen Gedanken an das berühmte „was wäre, wenn" - Szenario zu verschwenden. Nachteil: Deswegen fallen einige Menschen nach ihrer Reise in eine Art Post-Urlaubsdepression. Damit das nicht passiert, sollte man die Realität nie aus den Augen verlieren. Denn auch zu Hause warten Freunde und Arbeitskollegen auf die Rückkehr. Nach einer herzlichen Umarmung und Sätzen wie „Schön, dass du wieder da bist!" kann der endende Urlaub doch gar nicht so schlimm sein...

Kirchengruft

GRABSTÄTTE VON PFARRER JOSEPH MAY (1869 - 1950)

In dem 1929 angebauten Querschiff der katholischen Pfarrkirche Mariä Geburt in Hering befindet sich vor dem Marien- und früheren Josefsaltar eine Gruft, in der der 1950 verstorbene Geistlicher Rat Pfarrer in Ruhe Joseph May, der Erbauer der damals erfolgten Kirchenerweiterung, zur letzten irdischen Ruhe gebettet wurde. Der Geistliche wurde am 19. Oktober 1869 zu Bingen-Büdesheim geboren, wo er in einer tiefreligiösen Familie mit zwei Brüdern aufwuchs, die ebenfalls Priester wurden. Mit 24 Jahren empfing er nach einer wissenschaftlichen und theologischen Ausbildung in Eichstätt, Bonn und Mainz im dortigen Dom die Priesterweihe. Es folgten Kaplanstellen in Eppertshausen, Lorsch und Gau-Algesheim. Von 1901 bis 1938 betreute er segensreich die Pfarrei Hering. Im Jahr 1929 konnte er mit Genugtuung seiner Gemeinde das durch den Anbau eines Querschiffes um etwa zwei Drittel vergrößerte Gotteshaus mit einem massiven

Glockenturm übergeben. Den Rest seines Lebens verbrachte der Geistliche im stillen Ober-Laudenbach an der lieblichen Bergstraße. Die Gruft (das Wort lässt sich von griech. Krypta für einen unterirdischen Kirchenraum ableiten) ist eine gemauerte Grabstätte. Um den Platz zur Aufnahme eines Sarges zu schaffen, wird eine Grube ausgehoben. Für diesen Arbeitsgang wird der Begriff „gruften" benutzt. Wenn der Sarg in die Gruft hinabgelassen und die Grube mit geeignetem Bodenmaterial wieder verschlossen ist, erst dann liegt der Sarg im Grab. Der Verstorbene wurde, wie es in einer öffentlich zugänglichen Grabstätte in einer Kirche erforderlich ist, in einen Doppelsarg gelegt. Beide Särge sind aus einem widerstandsfähigen Metall hergestellt und luftdicht verlötet worden. Die bei der Erstellung des Erweiterungsbaues angelegte Gruft in der Heringer Bergkirche wurde von den inzwischen verstorbenen Gemeindemitgliedern Philipp Himmelheber (Polier) und dessen Sohn Dipl.-Ing. Reinhold Himmelheber, der mir 2005 die Gruftskizze übergab, sowie dem Kirchenvorstandsmitglied Karl Fritsch verfüllt und fertiggestellt.

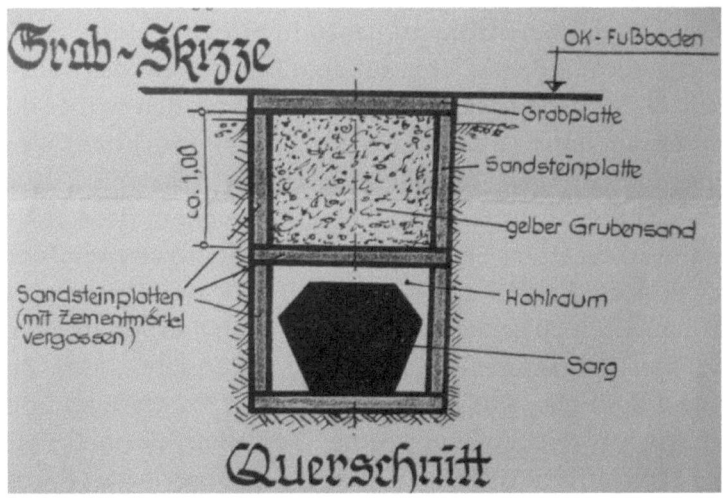

Ein musikalischer Alleskönner

ADOLPHE SAX ENTWICKELTE DAS SAXOFON IM JAHR 1840

Das Bild zeigt meinen Schwiegersohn Dr. Martin Staub, der Saxofon spielt. Die zehn deutschen Landesmusikräte, die sich aus hervorragenden Persönlichkeiten und verschiedenen Verbänden, welche zum großen Teil das Musikleben in Deutschland bestimmen, zusammen-setzen, haben das Saxofon (vor reformierter Schreibweise: Saxophon) zum Instrument des Jahres 2019 gekürt. Jedes Jahr bestimmt dieses Gremium ein Instrument des Jahres - seit 2008, da war es die Klarinette. Erfunden wurde das Saxofon im Jahr 1840 in Belgien in der Stadt Dinant. Dort lebte sein Schöpfer Adolphe Sax (1814 - 1894), ein Tüftler und Erfinder in unterschiedlichen Bereichen. dessen Namen es auch trägt. Seine Erfindung brachte er zwei Jahre später nach Paris, um es unterschiedlichen Musikerpersönlichkeiten zu zeigen. 1846 ließ er sich das von ihm entwickelte Instrument in Frankreich patentieren. Das Ziel von Adolphe Sax war es, ein Instrument zu gestalten, das vom Klang zwischen dem warmen Ton einer Klarinette und dem eher durchdringenden Klang der Oboe liegt. Obwohl

der Korpus aus Messing ist, zählt das Saxofon zu den Holz-
blasinstrumenten: wird es doch mit einem hölzernen
Rohrblatt zum Klingen gebracht. Adolphe Sax hoffte auf
eine Verwendung des Saxofons in Sinfonieorchestern. Das
Instrument kam jedoch zunächst vor allem in der Militär-
musik zum Einsatz. Seinen großen Siegeszug trat das Saxofon schließlich mit dem Aufkommen des Jazz in den
1920er und 1930er Jahren an. Vor allem in der Swing-
Musik, der populärsten Stilrichtung des Jazz, wurde das
Saxofon dank seines äußerst variablen Klangs eingesetzt.
Im deutschen Reich wurde das Saxofon zur Zeit des Nati-
onalsozialismus (1933 - 1945) und teils bereits zuvor zeitweise als Instrument der entarteten Musik („Negermusik")
bekämpft. Obwohl das Saxofon heute noch immer hauptsächlich mit dem Jazz in Verbindung gebracht wird, ist es
auch in unzähligen weiteren Musikrichtungen zu finden,
etwa im Pop, Rock, Rock`n´Roll, im Blues, in der klassi-
schen und elektronischen Musik. Ein richtiger Alleskön-
ner eben.

Erinnerungen an die erste Mondlandung

600 MILLIONEN MENSCHEN SCHAUTEN LIVE VOR DEM
FERNSEHER ZU

1969 landeten Menschen erstmals auf dem Mond. Das war
damals ein mediales Ereignis.600 Millionen Erdbewohner
sollen das Geschehen im Fernsehen mitverfolgt haben -
auch Papst Paul VI. (1897 - 1978). Wer keinen eigenen
Fernseher hatte, lud sich bei den Nachbarn ein. Die Bilder,

die die NASA (= Luft- und Raumfahrtsorganisation der USA) lieferte, waren verwackelt und unscharf, als würden nicht nur die Astronauten, sondern auch die Fernsehmoderatoren vom Mond senden. Die hatten es doppelt schwer, zum einen, etwas in dem Geflimmer zu erkennen, zum anderen, geeignete Experten für das Ausnahmeereignis zu finden. Die Moderation vom ORF (= Österreichischer Rundfunk) wurde von einem österreichischen Weltraummediziner und HNO-Arzt bestritten, Prof. Dr. Herbert Pichler (1921 - 2018), Hobbyastronaut mit, nun ja, astronomischem Wissen, den alle den „Hals-NASA-Ohrenarzt" nannten. Später erhielt er den Namen „Mond-Pichler". In Deutschland waren ZDF und WDR live dabei. Wer damals zugeschaut hat, kann sich noch daran erinnern: Wo und mit wem er die Mondlandeaufregung erlebte. Die Landung auf dem Erdtrabanten hat sich bei mir und sicher bei vielen anderen Zuschauern in das Gedächtnis eingegraben wie der Tag, als die Berliner Mauer am 9. November 1989 fiel. Einander zugehörig fühlten sich die Menschen damals, die zuschauen konnten. Einer Menschheit zugehörig, die einen großen Schritt tat, einen Riesensprung, wie der US-amerikanische Testpilot und Astronaut Neil Armstrong (1930 - 2012) es weltbewegend ausdrückte. Die Astronauten aber haben noch eine andere Zugehörigkeit erlebt. Sie haben etwas Überraschendes entdeckt. Der Besatzung des Mondfluges ging es da wie der Besatzung von Apollo 8 (= zweiter bemannte Raumflug) wenige Monate zuvor. Weltraumfahrer wie der deutsche Geophysiker und Astronaut Alexander Gerst (geb. 1976) beschreiben es auch heute noch. Sie flogen ins All, um Mond und Planeten zu suchen. Aber sie fanden die Erde. Sie sahen die Erde aufgehen, eine kleine blaue Kugel im All. Von weit oben gut zu erkennen: Wasser und Land, Wolken, Nacht und Tag und keine Grenzen - nirgendwo. Winzig und ausgeliefert wirkt die Erde, wenn man sie vom All aus betrachtet, ein Lebensschiff in einem Meer von Dunkel und Stille. Zum Mond schießen sollte man vielleicht Mächtige und Entscheider, Gleichgültige und Zyniker. Vielleicht würde das was nutzen., um die Erde zu finden, die jetzt kippt. Von dort oben kann man erkennen, wie die Dauerfrostböden (Permanentfrostböden) zu tauen beginnen und immer kleiner werden. Vielleicht würde es dann was nutzen, wenn wir alle so auf die Erde schauen. Es ist ganz leicht, die Augen zu schließen und sich die Erde vom Mond aus zu betrachten. Es gingen aber auch noch andere Bilder um die Welt, die mich beeindruckten: Der Papst im weißen Gewand vor dem Fernseher, bewundernd zurückgelehnt und begeistert. In die Hände klatschend. Das Oberhaupt der katholischen Kirche war von der ersten Reise der Menschen zum Erdtrabanten fasziniert. Zudem wollte er sicher demonstrieren: Die Kirche begleitet den technischen Fortschritt nicht ablehnend, sondern positiv - solange er dem Ziel der menschlichen Entwicklung dient. Es schien, dass der Papst auch das alte galiläische Missverständnis, die Feindschaft zwischen Naturwissenschaft und Theologie, aus der Welt räumen wollte.

Jetzt wird gebrutzelt

KLEINE KULTURGESCHICHTE DER GEWÜRZE FÜR DIE GRILLSAISON

Jetzt wird gebrutzelt, was das Zeug hält. Würstchen, Spieße, Steak oder Gemüse - für jeden Geschmack ist was dabei. Raffiniert zubereitete Spezialitäten schmeicheln so manchen Gaumen bei Festen an lauen Sommerabenden. Damit es nicht fad schmeckt, greifen viele Grillmeister auf exotische Gewürze zurück. Doch dass diese schnell zur Hand sind, war nicht immer selbstverständlich. Bis etwa Currypulver oder kurz Curry den Weg in die deutschen Küchen fand, war es ein langer Weg. Wegen der klimatischen Bedingungen konnten die Europäer die tropenliebenden Gewürze nur selten selbst anbauen. Die Geschichte der kulinarischen Feinheiten beginnt für Europa nicht erst im Mittelalter (6. - 15. Jahrhundert), als Gewürze auf sehr risikoreichen Handelsrouten aus dem Fernen Osten oder Westindien über Seerouten kamen. Tatsächlich beginnt die Würz-Historie in Europa bereits in prähistorischer Zeit. In der Jungsteinzeit (= Zeit von 5500 v. Chr. - ca. 2200 v. Chr.) kamen Ackerbau und Viehzucht auf. Funde belegen, dass die Menschen auch zu dieser Zeit mit regionalen Gewürzen wie wildem Kümmel ihr Essen abschmeckten. Auch die Kelten (8. Jh. v.Chr. - Chr. Geb.) würzten bereits. Die ersten ausländischen Gewürze kamen mit den Römern (ab 1. Jh. v.Chr.). Sie brachten neben ihrer Architektur eine Vielzahl von Würzmitteln und Rezepten aus den eroberten Provinzen mit. In China und Ägypten waren die aromatischen und medizinischen Wirkungen der Gewürze lange vorher bekannt. In Ägypten nutzten Menschen sie bei der Einbalsamierung und Mumifizierung ihrer Pharaonen. Über viele Jahrhunderte hinweg war der Handel mit den wertvollen Gütern fest in arabischer Hand. Gewürze aus Asien waren ein exotisches Luxusgut - im Mittelalter waren hierfür horrende Preise gang und gäbe. Die Mischungen waren Statussymbole, Zeichen des Wohlstandes. Wer es sich leisten konnte, konsumierte Gewürze in rauen Mengen. Nach heutigen Maßstäben war der Gewürzeinsatz früher geradezu maßlos. Nicht zuletzt, weil ungenießbare, teils auch schon verdorbene Speisen sich durch würzige Aromen wieder schmackhaft machen ließen. Erst in der frühen Neuzeit (= Mitte 13. - Ende 15. Jahrhundert) drangen dann die Europäer mit aller Macht auf den Gewürzmarkt. Sie führten Kriege um die exotischen Handelsgüter, zu denen sie nur bedingt Zugang hatten. Auch abseits der Kriege haben Gewürze eine bewegte Geschichte: Sie lösten Entdeckungsreisen aus. Christoph Kolumbus (1451 - 1506) suchte 1492 eigentlich nach den sagenumwobenen Gewürzinseln - und entdeckte stattdessen Amerika. Erst Vasco da Gama (1469 - 1524) fand im Jahr 1498 den begehrten Seeweg nach Indien und kehrte von seiner Expedition reich beladen mit Gewürzen zurück. Der Seeweg sicherte den Portugiesen für das kommende Jahrhundert den nahezu uneingeschränkten Zugang zum lukrativen Gewürzhandel. Exotische Gewürze wie Pfeffer, Gewürznelke, Muskatnuss, Zimt, Vanille stammen ursprünglich meist aus den tropischen Gebieten Asiens und Amerika. In der Hoch-Zeit des portugiesischen Gewürzhandels führte die Sammelroute deshalb von Lissabon, um das Kap der guten Hoffnung nach Ostafrika und über das Arabische Meer bis hin an die Westküste Indiens. Von dort aus ging es weiter um Indien und das heutige Sri Lanka herum, über den Golf von Bengalen bis hin zu den legendären indonesischen Gewürzinseln, den Molukken (74505 qkm). Erst später machten ihnen die Spanier, Holländer und Engländer ernsthafte Konkurrenz. Heute sind die meisten Gewürze für alle Bürger der Industrienationen zugänglich. Safran nimmt in der Medizin des Orients schon seit Jahrtausenden einen wichtigen Stellenwert ein und gilt als das teuerste Gewürz der Welt. Ein Kilogramm echter Safranfäden ohne Zusatzstoffe kostet gut und gerne 5 000 Euro.

Hitzestress

Es gibt ein neues Schlagwort: Hitzestress. In der Landwirtschaft führt die durch Hitze bedingte Belastung zu Ertragsverlusten. Kühe beispielsweise geben dann nicht so viel Milch. Aber auch dem Menschen tun 39 Grad Celsius und mehr nicht gut, wie in den vergangenen Tagen unter anderem in Freibädern zu beobachten war: Mehrfach musste die Polizei anrücken, um die buchstäblich erhitzten Gemüter zu beruhigen. Von Badevergnügen konnte angesichts der Massen, die mit ihren Handtüchern die Rasenflächen in eine einzige Patchwork-Picknickdecke verwandelten, ohnehin keine Rede sein.

Aber was heißt auch schon Vergnügen: Der Sommer macht sowieso keinen Spaß mehr. In Zeiten des (selbst verschuldeten!) Klimawandels ist jeder blaue Himmel, jeder Temperaturrekord mit der bangen Frage verknüpft: Sind das die Vorboten der Klimakrise? Zu allem Überfluss berichten Wetterdienste heutzutage nicht mehr nur über Temperaturen, sondern liefern mittels UV-Belastung-Index auch noch die Höhe der sonnenbrandwirksamen UV-Strahlung - und die ist, logisch, bei den Temperaturen extrem hoch. „Wann wird`s mal wieder richtig Sommer", sang einst Rudi Carell (1934 - 2006) und wünschte sich angesichts verregneter Sommertage Sonnenbrand, Hitzefrei und laue Nächte zurück. Das klingt wie ein Song aus einer längst vergangenen Zeit.

Sou werd bei uns gebabbelt

Sie heißen Watzekrängler (Hering), Schnullkappe (Lengfeld), Backebärt (Habitzheim), Russe (Ober-Klingen) und Schdebbelschnirrer (Nieder-Klingen) Die Uznamen (= Ortsounome), die sich die benachbarten Ortschaften gegenseitig gaben, füllen wie obige Beispiele aus unserer Gemeinde Otzberg lange Listen. In größeren Städten gilt das Gleiche für die Stadtteile. Im Darmstädter Stadtteil Bessungen wohnen die Lappinge. In Frankfurt steht Dribbdebach bekanntermaßen für das südlich des Mains gelegene Sachsenhausen, die Heddernheimer, die „Frankfurter Fastnachter", sehen sich als lebenslustiges Völkchen von Kloa-Paris. Ob Darmstädter „Hoiner", Hanauer „Gäle Riewe" oder Trierer „Viezärsch": Die Vielfalt der Ortsspitznamen ist riesig.

113

Internationaler Tag der Freude

Es ist an der Zeit, sich ein breites Lächeln ins Gesicht zu pflanzen, fröhlich zu singen, herzlich zu lachen und ausgelassen in die Luft zu hüpfen. Am 24. Juli ist der Internationale Tag der Freude (engl. International Day of Joy) und an diesem sollte man eben dieser sicht- und hörbare Ausdruck verleihen.

Wer diesen Aktionstag, der seit 1981 im Kalender der kuriosen Feiertage aus aller Welt ganz im Zeichen der Freude steht, ins Leben gerufen hat, weiß anscheinend niemand genau. Aber uns soll an dieser Stelle der Hinweis genügen, dass es diesen Tag am 24. Juli nun mal zu geben scheint und er von jemandem mit guten Absichten in die Welt gesetzt wurde, nämlich mit dem Ziel, anderen eine Freude zu machen und sich selbst zu freuen.

Wer bislang keine Ahnung von der Existenz dieses bedeutsamen Feiertages gehabt hat, der weiß es jetzt und kann sein Tagesprogramm noch auf dieses Ereignis von globaler Bedeutung ausrichten. In Zeiten wie diesen, die überquellen von schlechten Nachrichten, kann es nicht schaden sich die Dinge in Erinnerung zu rufen, die Grund für Freude und Optimismus liefern.

Was also tun, am Tag der Freude? Vielleicht einmal wieder die kleinen Dinge würdigen, die das tägliche Leben bereichern und über die wir uns zu selten so richtig freuen: der Lebensgeister weckende Kaffee zum Frühstück, die blühenden Blumen auf der Wiese, das Vogelgezwitscher im Garten, die netten Menschen, die einen durch den Tag begleiten ... Es gibt in der Tat viele Dinge, über die man sich einfach einmal freuen kann.

Andererseits ist der Tag der Freude auch eine Gelegenheit, anderen Menschen eine Freude zu machen und sich selbst zu freuen. Verschenken Sie ein Lächeln, das nichts kostet, aber viel Freude bringt. Überreichen Sie Blumen, jede Frau freut sich über duftende Blütenpflanzen, bekommt sie aber viel zu selten geschenkt. Nutzen Sie den Tag der Freude, um Ihre Frau, Freundin, Mutter, Schwester oder Oma zu überraschen und schicken Sie einfach mal einen Blumenstrauß an die Tür. Die Freude darüber wird sicherlich riesengroß sein. Bringen Sie einem Kollegen unaufgefordert einen Kaffee oder Tee aus der Betriebsküche mit. Sie werden sehen: Ihr Mitarbeiter wird sich darüber freuen und Ihnen ein Lächeln schenken. Genau das Richtige für den Tag der Freude. Auch kleine materielle Mitbringsel können Freude erzeugen. Allerdings sollte man keine großen oder kostspieligen Geschenke machen, da dies eventuell die eigene Freude am Tag der Freude mindern könnte. Denn schließlich soll jeder etwas von diesem Freudentag haben. Es ist übrigens nicht davon auszugehen, dass die Chefs in unserem Land am Tag der Freude ihren Beschäftigten eine Freude machen, indem sie ihnen am 24. Juli frei geben. So bedeutsam ist dieser Tag nun auch wieder nicht. Aber was nicht ist, kann ja noch werden.

Pieta

Das Bild zeigt die in der Heringer Pfarrkirche Mariä
Geburt befindliche Pieta,
die im Grödner-Tal in den
Südtiroler Dolomiten aus
Lindenholz geschnitzt und
handbemalt wurde. Sie kostete 7000 Deutsche Mark
(DM) und wurde von der am
29. Juli 1925 in Hering geborene Anneliese Kohlba-
cher gestiftet. Wie mir der
damalige Pfarrer Lorenz Di-
ckescheid (1914 - 2001) mitteilte, wurde die Pieta zum Gedächtnis für die Toten der beiden Weltkriege und der Gemeinde aufgestellt. Gleichzeitig soll sie die Menschen mah-
nen, sich um mehr Brüderlichkeit und Frieden zu bemü-
hen. Auf dem Schoß der sitzenden Gottesmutter ist der
Leib des toten Herrn zu sehen. Maria hält mit ihrer rechten
Hand sein Haupt, mit der linken seine rechte Hand. Ihr
Blick hat sich vom toten Kind gelöst und gehoben. Er ist
offenbar nach innen gewendet. Hier liegt der Sinn des
1980 aufgestellten Schmerzensbildes. Es ist geschaffen,
um die Gläubigen wissen zu lassen, dass der Schmerz im
Tode Christi aufgehoben ist und deswegen Trauer, Leid
und Not fruchtbar werden können.

Salz ist wertvoller als Gold

Wer Salz verschüttet, dem droht jahrelang Unglück. Das behauptet jedenfalls ein alter Aberglaube. Aber warum eigentlich? Ohne Salz kann der Mensch nicht überleben. Daher ist es gut, dass kein Mangel an den kleinen weißen Kristallen herrscht: Gut getestetes Haushaltssalz ist heute schon für wenige Cent pro 100 Gramm zu haben. Dabei war dieses Produkt einst ein überaus wertvolles Handelsgut - so kostbar, dass es mit Gold aufgewogen wurde. Wer also unachtsam mit Salz umging, es verschüttete oder zu Boden fallen ließ, beging eine immense Verschwendung. Dem wollte der Volksglaube mit Ängsten schürenden Unglücksdrohungen vorbeugen. Was für nicht abergläubische Reiche allenfalls ein Malheur war, brachte ärmeren Menschen tatsächlich Kummer: Wenn ihr Salz unbrauchbar wurde, mussten sie tief in ihre ohnehin fast leeren Taschen greifen, um neues kaufen zu können. Schon die ersten Menschen wussten, dass sie Salz brauchten, wobei bis heute unklar ist, woher sie dieses Wissen nahmen. „Der Mangel an Salz bringt kein Verlangen danach hervor, man fühlt sich schlecht und stirbt schließlich", erklärt der amerikanische Journalist und Schriftsteller Bill Bryson (67) in „Eine kurze Geschichte der alltäglichen Dinge". Trotzdem habe es ihn gegeben, den „Drang nach Salz". Und er machte die Menschen erfinderisch. „Die alten Briten erhitzen Stöcke am Strand, tauchten sie ins Meer und kratzten das Salz herunter", schreibt Bill Bryson. Zu den ältesten deutschen Städten, in denen Salz gewonnen wurde, gehören Halle, Schwäbisch Hall, Bad Reichenhall, Soest, Lüneburg, Werl und Einbeck.

Im Mittelalter war das weiße Gold außerdem eines der wichtigsten Konservierungsmittel. So machte der Handel mit in Salz eingelegten Heringen viele Hansestädte reich, allen voran das stolze Lübeck. Bei seinen Überfällen auf die Koggen (= Handelsschiffe mit Segeln und hohen Aufbauten) der Hanse hatte es der berüchtigte Pirat Klaus Störtebecker (1360 - 1401), um den sich zahlreiche Legenden ranken, auch auf das „Silber der Ostsee", auf die Salzheringe abgesehen. Sogar Kriege wurden um das Salz geführt. So stritten der Erzbischof von Salzburg und der Herzog von Bayern 1611 mit Waffengewalt um die ertragreiche Saline von Berchtesgaden.

Liebesprobe mit Salz
An den materiellen Wert von Salz erinnern uns bis heute manche Märchen. „Salz ist wertvoller als Gold" heißt ein slowakisches Volksmärchen. Das Motiv findet sich auch in anderen Märchen wieder, etwa in „Der Gänsehirtin am Brunnen" oder in „Prinzessin Mäusehaut", beide aus dem Fundus der Brüder Grimm stammend.
In jedem Fall geht es um eine Liebesprobe, in der ein Elternteil von drei Kindern fordert, den Grad ihrer Liebe zu messen. Wohlgefällig werden jene beurteilt, die das Ausmaß ihrer Zuneigung zu den Eltern mit Gold, Edelsteinen oder gar einem Königreich aufwiegen. Verstoßen wird jene Tochter - meist die jüngste - die Salz als Gradmesser ihrer Liebe bezeichnet. Im slowakischen Märchen sind die Folgen für den undankbaren Vater besonders drastisch: Mit seiner Tochter verschwinden alle Salzvorräte in seinem Reich, die Untertanen werden schwach und krank.

Unser Leben hat sich rasant geändert

EINE VÖLLIG NEUE WELT DER KOMMUNIKATION

Wenn man die 70 überschritten hat und an seine Kindheit denkt, ist man immer selbst überrascht, wie rasant sich das Leben und der Alltag in allen Bereichen geändert hat.- nicht nur, aber auch in technischer Hinsicht. Wenn man sich allein vor Augen führt, dass wir heutzutage vom älteren Menschen bis zum Jugendlichen, oft sogar schon bis zum Kind, per Handy erreichbar sind, ist das eine völlig neue Welt der Kommunikation. Als ich ein Kind war, gab es (im Jahr 1953) in unserem Ort erst mal genau acht Telefone. Es waren die berühmten schwarzen Kästen mit Wählscheibe von 1936 (Made im Deutschen Reich). Es liegt auf der Hand, dass die Besitzerfamilie eines solchen Fernsprechers oft Ziel von Anfragen war, ganz nach dem Motto: „Dürfte ich vielleicht einmal..." Obwohl diese Bitte nur selten abgeschlagen wurde, entstand später in unserem Ort ein gelbes Telefonhäuschen mit einem klobigen Apparat und einem dicken Telefonbuch, das eine alphabetische Auflistung aller Teilnehmer eines Telefonnetzes enthielt. Man durfte sich dann nicht nur auf das Sprechen konzentrieren, sondern musste auch das Guthaben ständig im Auge haben und regelmäßig Groschen um Groschen in den Schlitz stecken. Führte jemand „Dauergespräche" gab es vor dem Telefonhäuschen Warteschlangen. Und oft auch Wutausbrüche, wenn jemand gegen die Scheibe trat oder die Tür aufriss und schrie: „Mach endlich

Schluss!" Ein Onkel von mir, der wie wir kein Telefon besaß und auch kein Telefonhäuschen in der Nähe seiner
Wohnung hatte, kündigte damals noch seine Besuche per
Postkarte an. Unvergessen ist in unserer Familie das
Schreiben, das uns kurz vor Ostern erreichte: „Komme
nach den Feiertagen!" Machte er dann auch tatsächlich,
allerdings war da mittlerweile Weihnachten bereits seit einigen Tagen Vergangenheit. Überhaupt wurde damals ein
Großteil der Kommunikation unter Verwandten und
Freunden noch auf dem Postweg (per Brief, Telegramm o-
der Karte) erledigt. Einen persönlichen Brief zu schreiben
oder einen nach einer Brieflaufzeit von ca. 4 Tagen zu bekommen, das war immer eine schöne Angelegenheit und
viel charmanter als eine SMS oder eine E-Mail je sein
könnte.

August-Gedanken

DANKBAR BLEIBEN FÜR DAS TÄGLICHE BROT UND DIE HEILENDEN
KRÄUTER

Im August ist der Sommer nicht mehr jung. Die Tage werden wieder kürzer. Bei meinem mehrtägigen Besuch in der
Nähe von Marburg hörte ich kürzlich jeden Tag um elf Uhr
vom Turm der Kirche die sogenannte Ernteglocke läuten,
die, wie ich erfuhr, nur im August zu hören ist. Die Älteren
im Ort wussten es noch: Dieses besondere Glockenläuten
war ein Zeichen für die Menschen, die draußen auf den
Feldern bei der Ernte waren. Da unterbrachen sie vielleicht die Arbeit für ein kurzes Gebet, ein Dankgebet für

120

die Gaben Gottes, die sie ernten durften; ein Bittgebet, dass sie bei der Ernte vor Gewitter und starken Regen verschont blieben; ein Fürbittgebet für alle, die auf das tägliche Brot angewiesen waren. Jedes Glockenläuten ist ja eigentlich eine Einladung zum Gebet.

Und auch wer nicht beten mag, sollte doch hin und wieder an die Menschen denken, die im Schweiße ihres Angesichts für das tägliche Brot arbeiten. Auch wer im Sommer gerne Urlaub macht, sollte nicht vergessen, dass es keine Selbstverständlichkeit ist, wenn die Erde Nahrung hervorbringt und der Hunger gestillt werden kann.

Im August werden in den katholischen Gemeinden Kräuter gesegnet. Dieser Brauch geht bis ins frühe Mittelalter (vom 5. bis zum 11. Jahrhundert) zurück. Die Kirche wollte damals Dinge des Alltags durch Segnung in eine Beziehung zu Gott und den Gläubigen bringen; Gott als Schöpfer von Mensch und Natur, als Ursprung allen Seins, steht dabei im Mittelpunkt. Die Heilkräuter spielten von jeher eine besondere Rolle. Schon früh war man sich der besonderen Kräfte bewusst, die in ihnen wohnen. Gott, so die christliche Lehre, schuf diese Kräfte zum Wohle der Menschen.

Mit den am 15. August (Fest Marias Aufnahme in den Himmel) geweihten Kräutern verband der Volksglaube eine erstaunliche Heil- und Segenskraft. Die geweihten Kräuter wurden in Haus und Stall meist an der Wand angebracht. Man benutzte sie aber auch, um aus ihnen einen Tee zuzubereiten, der gegen verschiedene Krankheiten helfen sollte. So waren von alters her gesegnete Kräuter ein Zeichen für Gottes Segen überhaupt, für seine Fürsorge um das Wohlergehen derer, die an ihn glauben.

Der Erntemonat August ist benannt nach dem römischen Kaiser Augustus (63 v. Chr. - 14 n.Chr.). Der lebte in einem Palast und hatte gewiss alle Tage genug zu essen und zu trinken. Augustus heißt auf Deutsch „der Erhabene",

„der Glänzende". Weit weg war er von den täglichen Mühen der arbeitenden Bevölkerung. Er musste sich nicht auf dem Feld quälen und auch keine Heilkräuter suchen, sondern konnte seine Untertanen, wann immer er wollte, von den Feldern und aus den Häusern holen. Wir erinnern uns: Weil er es befohlen hatte, mussten sich seinerzeit auch Josef und seine hochschwangere Verlobte Maria auf den Weg machen, obwohl sie sicherlich lieber zuhause geblieben wären. Wir haben es gut im Ohr: „Es begab sich aber zu der Zeit, dass ein Gebot von dem Kaiser Augustus ausging, dass alle Welt geschätzt würde."

Aber wer redet heute noch von dieser Schätzung? Längst überholt sind die Steuerlisten und Statistiken, die Augustus anfertigen ließ. Verblasst ist der Glanz des Augustus und vieler anderer Namen, die einst das Sagen hatten. Auch an den römischen Staatsmann und Feldherrn Julius Caesar (100 v. Chr. - 14 n. Chr.) denkt heute kaum noch jemand, wenn der Name des nach ihm benannten Monats Juli ausgesprochen wird.

Was ist geblieben? Auf jeden Fall geblieben ist der Schatz des täglichen Brotes. Und nicht zu unterschätzen ist die Arbeit derer, die für eine gesunde Nahrung sorgen. Wie schrecklich wäre es, wenn die Erde nichts Nahrhaftes mehr hervorbrächte oder es an Menschen fehlte, die säen, pflanzen und ernten. Was Augustus nie erfahren hat, obwohl er in der Bibel erwähnt wird: dass zu seiner Zeit ein Mensch auf die Welt kam, der bis heute als das „Brot des Lebens" verehrt wird.

Die Sommerferien beginnen

Mit sich selbst in Kontakt kommen

Dieser Tage beginnen die Sommerferien. Und selbst wer nicht direkt davon betroffen ist, merkt doch eine Veränderung auf den Straßen und in den Städten. Es ist weniger Verkehr unterwegs, und alles scheint einen Gang langsamer zu gehen. Und wer jetzt noch nichts geplant hat für einen Ferienaufenthalt, der muss aufpassen, dass der Sommer nicht einfach so vorbeizieht. Dann mag zwar am Ende des Sommers der Keller mal richtig entrümpelt sein, aber wie sieht es in einem selbst aus? Einmal Abstand zu nehmen vom Alltag ist wichtig. Der Sommerurlaub hilft dabei, richtig abzuschalten und das zu machen, was einem gut tut: länger oder einfach mehr zu schlafen, gut und bewusst zu essen, Zeit mit der Familie zu verbringen oder Zeit für Hobbys zu haben. Das ist wichtig und tut dem ganzen Menschen spürbar gut.

Neue Erfahrungen
Wer hat nicht schon mal die Erfahrung gemacht, dass man nach ein paar Urlaubstagen ganz anders „da" ist? Man beginnt die Umgebung anders wahrzunehmen und entdeckt Dinge, die man vorher übersehen hat. Das Essen schmeckt anders, und die Möglichkeit, für ein paar Tage ohne Zeitdruck zu leben, lässt die Sinne wach werden für neue Erfahrungen. Kein Wunder also, dass gerade an Urlaubsorten nicht nur die kulturellen Höhepunkte

besichtigt werden, sondern die Menschen gerne auch eine Kirche aufsuchen, jetzt ist die Gelegenheit, um sich in aller Ruhe umzuschauen und zu entdecken, was der Raum des Gotteshauses alles anzubieten hat. Jetzt hat man die Zeit, die Kirchenausstattung auf sich wirken zu lassen. Und auch diejenigen, die sonst eher an der Kirche vorbeilaufen, halten inne und zünden vielleicht eine Kerze an für die Menschen, die ihnen am Herzen liegen. So kann die verlangsamte Zeit des Urlaubs dabei helfen, wieder in Kontakt zu kommen mit sich selbst. Sich wieder darauf zu besinnen, wer man ist, was einem wichtig ist und was einen ausmacht. Nur schade, dass auch diese Zeit im Jahr letztendlich viel zu schnell vorbei ist und einen dann der Alltag mit all seinen Anforderungen wiederhat. Wie schade um die guten Erfahrungen, die man an einem anderen Ort und in aller Ruhe machen konnte. Um diese wieder nicht aus den Augen zu verlieren, kann es hilfreich sein, auch zwischen den Urlauben Zeiten einzuplanen, die einen freilassen für sich selbst. Das kann ein Wochenende sein, an dem man sich in ein Kloster zurückzieht, oder ein Tag, den man an einem anderen Ort verbringt. Das eröffnet die Möglichkeit, sich wieder selbst besser zu spüren und so auch mit Gott in Kontakt zu kommen, der einen so geschaffen hat, wie man ist.

Auszeiten im Alltag
Aber auch, wer für solche Auszeiten keine Gelegenheit hat, kann Rituale zum Runterkommen in seinen Alltag einbauen. Das kann bedeuten, einfach mal für einen Tag nicht ständig erreichbar zu sein. Es ist aber auch möglich, jeden Tag mit einer kleinen Besinnungspause zu beginnen oder abzuschließen. Für diese kurze Auszeit kann ich mich auch bei meiner Familie oder meinen Mitbewohnern „ausklinken", um in diesen Minuten ganz bei mir selbst zu

sein. Schon jeden Morgen für fünf Minuten ganz in Ruhe eine Tasse Kaffee oder Tee zu trinken und dabei auf sich selbst zu hören, seine eigenen Gefühle und Stimmungen wahrnehmen, kann so eine Möglichkeit sein, seinem Innersten nachzuspüren. Und wer mit sich selbst in Kontakt ist, kommt unweigerlich in Kontakt mit Gott. So kann man ganz anders in den Alltag gehen, spürt besser, was man braucht und kann sein Umfeld bewusster wahrnehmen. So können schon kleine, tägliche Auszeiten dazu beitragen, dass man auch im Alltag immer wieder innehält und sich nicht so schnell ausgelaugt fühlt und unter den täglichen Belastungen zusammenzubrechen droht. Dann ist man das ganze Jahr über in Kontakt mit sich selbst und kann für sich sorgen. Diese Sorge für seine Schöpfung - also auch für uns selbst - übertrug Gott mit Beginn der Welt an die Menschen, also an jeden einzelnen von uns.

40 Jahre Platzhalter für Berlin

BONN BILDETE VON 1949 - 1989 DAS PULSIERENDE HERZ DER BUNDESREPUBLIK

Nach Gründung der Bundesrepublik Deutschland am 23. Mai 1949 in Bonn blieb die Frage, welche Hauptstadt der neue Staat haben sollte, fast ein halbes Jahr offen. Als sicher galt, dass die ehemalige Reichshauptstadt Berlin im Zuge der sich abzeichnenden deutschen Teilung bis auf Weiteres nicht in Frage kam. So setzte ein lebhafter Diskussionsprozess ein, der auf ein Kopf-an-Kopf-Rennen zwischen Bonn und Frankfurt hinauslief. Gesucht wurde eine provisorische deutsche Hauptstadt - ein „Platzhalter", in dem nur so lange regiert werden sollte, bis sich die politische Lage im besetzten Deutschland verändert hätte und Berlin wieder Hauptstadt werden könnte. Frankfurt, das sich nicht zuletzt wegen der „Paulskirchentradition" schon seit jeher als heimliche Hauptstadt fühlte und mit seiner Infrastruktur sowie der günstigen Lage am Schnittpunkt der Westzone, zu der die britische, die französische und amerikanische Besatzungszone gehörten, punkten konnte, galt als Favorit. Der damalige in Bonn geborene und von 1946 - 1949 amtierende Frankfurter Oberbürgermeister Walter Kolb (1902 - 1956) ließ in Frankfurt sogar schon einen Plenarsaal bauen, der dann nach verlorener Wahl Sitz des Hessischen Rundfunks wurde. Allerdings befürchteten viele, was Berlins erster Regierender Bürgermeister, der Sozialdemokrat Ernst Reuter (1889 - 1953) aussprach: „Wenn Frankfurt Hauptstadt wird, wird es Berlin nie wieder". Solche Ängste schürte die damals 100 000 Einwohner zählende am Rhein gelegene Kleinstadt Bonn nicht - im Gegenteil.: Gerade ihre Bescheidenheit sprach nach dem Größenwahnsinn der von 1933 - 1945 regierenden Nationalsozialisten für sie. Bonn wurden trotzdem nur Außenseiterchancen zugerechnet.

21 Stimmen gaben den Ausschlag
Dass der Bundestag am 23. November 1949 mit 200 zu 176 Stimmen bei drei Enthaltungen überraschend zur vorläufigen Hauptstadt wählte, hatte die Stadt vor allem ihrem christdemokratischen Förderer Dr. h.c. Konrad Adenauer (1876 - 1967), amtierender Bundeskanzler von 1949 - 1963, zu verdanken. Den Ausschlag soll ein Kniff Adenauers gegeben haben. Kurz vor der Abstimmung las er Mitgliedern seiner Partei eine unveröffentlichte Presseagenturmeldung vor. In dieser wurde eine Entscheidung für Frankfurt als politische Niederlage für die Konservativen gewertet. Damit gelang es ihm, einige Frankfurter Unterstützer seiner Partei doch noch für Bonn zu gewinnen. Konrad Adenauer musste sich allerdings immer wieder gegen den Vorwurf wehren, er habe sich für Bonn stark gemacht, weil es nah bei seinem ca. 15 Kilometer entfernten Wohnort Rhöndorf, einem Stadtteil von Bad Honnef, lag. Die Bonner jedenfalls freuten sich riesig über die Wahl - zumindest berichtet die Stadtgeschichte, dass sie das große Ereignis ziemlich feucht fröhlich gefeiert hätten. Nach erfolgter Abstimmung war Bonn Regierungssitz und provisorische Hauptstadt der damaligen Bundesrepublik Deutschland. Diese Sichtweise änderte sich jedoch nach dem Mauerbau 1961. Bonn wurde fortan als Bundeshauptstadt angesehen. Von einer „Platzhalterfunktion" war kaum noch die Rede. Die politischen Beschlüsse, die

zu Zeiten der Bonner Republik gefasst wurden, haben die deutsche Demokratie jahrzehntelang geprägt. Viele Jahre wurde die Stadt Bonn im In- und Ausland in erster Linie als Regierungssitz wahrgenommen - erst das Doppeljubiläum 1989 „40 Jahre Hauptstadt" und „2000 Jahre Bonn" sorgte dafür, dass Bonn seine Vorzüge als historisch gewachsene Stadt mit inzwischen internationalem Flair ins rechte Licht rücken konnte. So ist es fast Ironie des Schicksals, dass im gleichen Jahr mit dem Fall der Mauer die Weichen für den Wegzug der Regierung nach Berlin gestellt wurden.

Die perfekte Sommerfarbe

DIE MENSCHEN SIND SOWOHL VOM BLAU DES HIMMELS ALS AUCH DES MEERES IMMER WIEDER FASZINIERT

Sie ist im Sommer allgegenwärtig und überaus beliebt: die Farbe Blau (vom althochdeutschen blao für schimmernd und glänzend). Sie steht für viel Positives, aber manchmal auch für Kälte.
Wolkenloser Himmel, klares Wasser. Eine Fahrt ins Blaue: Wer jetzt freie Tage hat, sehnt sich nach Blau. Die Farbe steht für Weite und Frische, Horizont und Unendlichkeit. Der sommerliche Himmel und blaufunkelnde Fluten wecken himmlische Gefühle.
Blaue Wunder aber gibt es auch andere: die mittelalterlichen Fenster der zum Welterbe der UNESCO gehörenden gotischen Kathedrale von Chartres in Frankreich beispielsweise, oder die von dem französischen Künstler

Marc Chagall (1887 - 1985) in der Zeit von 1978 bis 1985 geschaffenen neun Fenster der katholischen Stephanskirche in Mainz. Dass Blau als eine der vier Urfarben auf das Göttliche, Unendliche, Geistige verweist, lässt sich auch aus der mittelalterlichen Buchmalerei ablesen. So erscheint die Jungfrau Maria auf Gemälden oft in hell leuchtendem Blau.

Blau - eine forsche Farbe
„Blau ist Geschmack" behauptete eine bayerische Molkerei in einer bundesweiten Werbekampagne. Die Werbefachleute wollten „Dynamik, Reinheit und Fortschrittlichkeit präsentieren". Bestätigt wird diese Einschätzung von der Farbpsychologie: Menschen, die Blau bevorzugen, seien „rastlos vorwärtsdrängend" und liebten die Klarheit, hat der auch als Farben-Experte bezeichnete Psychologe Heinrich Frieling festgestellt.

Verbindung zum Alkohol
Blau war schon im Mittelalter eine beliebte Farbe, die aus bestimmten Substanzen relativ günstig herzustellen war. Wichtigste Grundstoffe waren der aus Indien stammende Indigo oder der etwas weniger intensiv färbende einheimische Färberwald. Seine Blätter wurden in Kübeln mit menschlichem Urin und Alkohol vergärt. Dabei sprachen die Färber dem Alkohol auch selbst fleißig zu. Zum Färben wurden die Stoffe meist sonntags für Stunden in das Färbebad eingetaucht und dann aufgehängt; erst an der Luft entwickelte sich die blaue Farbe. Immer wenn die Färbergesellen am Montag betrunken daneben lagen, war klar, dass Blau gefärbt worden war: Die Färber waren „blau" und machten „blau".
Blau ist eine Allerweltsfarbe: Als 1873 der deutsche Auswanderer Levi Strauss (1829 - 1902) zusammen mit Jacob

Davis (1831 - 1908) seine Goldgräberhosen mit Metallnieten in den USA zum Patent anmeldete, waren die Jeans geboren. Sie waren robust, haltbar - und blau. Ein Stoff und eine Farbe für alle, spätestens seit den 1960er Jahren. „Blaues Blut" dagegen steht für die vermeintliche Exklusivität des Adels. Vermutlich erklärt sich der Begriff dadurch, dass Adelige etwas bleicher waren als ihre Untertanen. Sie konnten es sich leisten, im Schatten zu ruhen, statt auf dem Feld zu arbeiten. Auf ihrer blassen Haut erschienen die Venen bläulich.

Etwa eine Million unterschiedliche Farben kann das menschliche Auge unterscheiden. Rund 50000 bis 100000 Farbnuancen dürften als blau zu bezeichnen sein, schätzt der Normenausschuss Farbe in Berlin. Von Himmelblau bis zu Preußischblau, vom Ultramarinblau bis zum Pariser Blau kennt die Farbpalette kaum eine Grenze.

Gerade deshalb ist die Auswahl des rechten Blautons ein Balance-Akt: „Blau ist die problematischste Farbe, die es gibt", warnt der Werbemanager Wolfgang Raczek. „Je dunkler, desto schwermütiger, und je heller, desto frostiger erscheint sie." Auch Harald Ackerschott, Wirtschaftspsychologe in Bonn, kann davon ein Lied singen. „Reines Blau ist eine kalte, technische Farbe, die man vor allem in großen Produktionsbetrieben oder Kernkraftwerken findet."

Wolfgang Raczek und Harald Ackerschott hätten auch Goethe zitieren können: Der Meister beschrieb in seiner Farbenlehre die eigenartige Nähe des Blaus zu den Extremen. Fast weiß strahlt es am Tageshimmel, fast schwarz schimmert es in der Nacht, und als Dunst verschleiert es das Wirkliche. Blau ist deshalb auch die Farbe des Dämonischen. Wer eine Fahrt „ins Blaue" unternimmt, fährt ins Unabsehbare. Und wer „ins Blaue hineinredet", spricht ins Ungewisse.

Die Geschichte des Getreides

Anfangs sind sie nur eine nette Abwechslung auf dem Speiseplan der Menschen gewesen - Getreidekörner, wie die Samen vom Halm wilder Süßgräser heißen. Doch nach der Eiszeit wurde das zu jagende Wild weniger. Vor rund 12 000 Jahren begannen die Leute deshalb damit, ihre bisher vorwiegend aus Fleisch bestehende Ernährung mehr mit Körnern anzureichern. Dafür züchteten sie in der Jungsteinzeit (5 000 - 2 000 v. Chr.) aus wildem Getreide Kulturpflanzen heraus, vor allem aus den Weizenarten Emmer und Einkorn. Die Menschen lernten die Samenkörner vom Spelz (Hochblatt im Ährchen) zu holen und mit Steinen zu zerreiben. So ist eine Art grobes Mehl entstanden, das - mit Wasser angerührt - die Leute als Brei gegessen oder zu Fladenbrot geröstet haben. Die Getreidekörner bestehen vor allem aus Stärke, etwas Eiweiß und ein wenig Fett. Das Eiweiß mancher Arten wie Weizen und Dinkel wird auch als Kleber oder Gluten bezeichnet. Allerdings war das menschliche Verdauungssystem nicht darauf ausgelegt, solches Getreide in größeren Mengen zu verwerten - wie manche heute an ihrer Gluten-Unverträglichkeit merken. Auch das ist hinter der Tatsache zurückgetreten, dass das Getreide mit seinem hohen Nährwert mehr Menschen satt machen konnte als je die Jagd zuvor. Zumal sich Getreide gut lagern lässt.

Kultiviert haben die Menschen das Urgetreide zunächst im sogenannten „Fruchtbaren Halbmond" des Vorderen Orients - dem Libanon, dem anatolischen und dem iranischen Bergland. Vor 7000 Jahren setzte in Mitteleuropa der Getreideanbau ein: Das Klima war zunächst milder geworden; Verwehungen von mineralreichem Lösstaub hatten für fruchtbare Böden gesorgt. Auf der Suche nach Siedlungsflächen erschlossen Einwanderer aus Vorderasien die Gebiete. Geholfen hat ihnen dabei, dass die Ur-Getreidearten Selbstbefruchter sind. Solche Pflanzen lassen sich weit transportieren und anderswo neu anbauen., ohne dass es dort Pflanzen der gleichen Art geben muss. Aus Emmer züchteten die Siedler später zudem den Saatweizen und die Nacktgerste heraus: bei ihnen entfiel das mühsame Entspelzen, und neue Geschmackserlebnisse gingen damit einher.

Schon in biblischen Zeiten waren auch das Bierbrauen und die verfeinerte, lockere Herstellung von Brot mit Sauerteig bekannt. Heute liegt der jährliche Pro-Kopf-Verbrauch in Deutschland bei 84 Kilo Getreide für Brot und feine Backwaren. Ebenso hat der Hartweizen zum kulinarischen Wandel beigetragen. Das Wärme liebende Sommergetreide, ebenfalls aus Emmer gezüchtet, hat sich als Pasta- Weizen für Teigwaren wie Spaghetti durchgesetzt. Feines Weichweizenmehl war indes im Mittelalter für Weißbrot begehrt, wobei es bis in die Neuzeit eine Festtags- und Herrenspeise blieb. Je heller das Brot, umso höher der müllerische Einsatz, den reinen Mehlkörper herauszuschälen, damit ganz helles Mehl daraus entstehen kann. Für die ärmeren Schichten war nur das dunkle, grob gemahlene Mehl erschwinglich, aus Dinkel oder Roggen gemacht. Dabei ist das Vollkornmehl die gesündere Variante, denn in ihm bleiben alle Nährstoffe erhalten.

Bis heute stellt der Bäcker aus Roggenmehl dunkles Brot her. Allerdings ist der Roggenanbau in den vergangenen zehn Jahren deutlich zurückgegangen; derzeit wird eher Roggen-Mischbrot verzehrt. Meist stammt das Getreide dafür aus konventionellem Anbau, oft von Hybridsorten mit hoher Ertragsdichte. Mit Blick auf die Arten- und Sortenvielfalt ist es erfreulich, dass sich der Ökoanbau wieder auf alte Sorten wie Dinkel, Emmer und Einkorn besinnt. Je größer die Vielfalt, desto stabiler das ganze System - ist die eine Sorte mehr für Trockengebiete geeignet, erweist sich die andere als besonders widerstandsfähig gegen verschiedene Krankheiten. Für die Ernte müssen die Bauern die Vollreife des Roggenkorns abwarten, meist im Juli und August. Ihre Vorfahren haben danach die Halme mit der Sichel abgeschnitten, zu Garben gebunden, getrocknet und im Winter die Körner heraus gedroschen. Die langen, bis zu zwei Meter hohen Roggenhalme verwerteten sie als Stroh: Als Einstreu für die Tiere im Stall, aber auch für Schuhe.

Geweihte Kräuter wenden Unheil von Haus und Hof ab

WISSENSWERTES RUND UM DIE WÜRZBÜSCHEL ZU MARIÄ HIMMELFAHRT

Vielleicht ist es die Sehnsucht nach der Natur und einer von Computern und geschlossenen Räumen dominierten Arbeitswelt, die dazu führt, dass manch alter, naturnaher Brauch wiederauflebt. So zum Beispiel der Brauch, so genannte Würzbüschel (= Kräutersträuße) zu binden, sie in der Kirche weihen zu lassen und dann im Haus aufzuhängen, um Unheil von Mensch und Tier abzuwenden.

Die Zusammensetzung der Sträuße variiert von Region zu Region und manchmal von Ortschaft zu Ortschaft: Doch eines haben die Würzbüschel - im Odenwald „Werzbischel" genannt - alle gemeinsam: Sie sollen Böses von Haus, Hof, Mensch und Tier abhalten, und obendrein sind sie schön anzusehen und verbreiten einen angenehmen Duft. Ganz nebenbei werden sie auch wegen ihrer heilenden Wirkung geschätzt.

Der Würzbüschel-Brauch hat eine lange Tradition, die ursprünglich auf heidnische Rituale zurückgeht. Vor allem in ländlichen Regionen hat das Binden der duftenden Sträuße noch heute die hohe Bedeutung, vor allem aber bei den katholischen Christen. Der entscheidende Tag ist der 15. August, der Feiertag „Mariä Himmelfahrt". Am Tag zuvor werden die in Frage kommenden Kräuter gesammelt, zu Sträußen gebunden und am nächsten Tag geweiht. Die Kräuterweihe ist heute in erster Linie ein Dankfest für die gewachsenen Heilkräuter, die Gott Mensch und Tier geschenkt hat. Was heute reichlich säkularisiert Natur- und Umweltschutz genannt wird, ist für den gläubigen Menschen Sorge und Verantwortung wie auch Freude und Dankbarkeit für die Schöpfung.

Über Generationen hinweg wurde das Kräuterwissen mündlich überliefert. So kommt es wohl auch, dass sich die Sträuße regional unterscheiden. In Hering und in manchen anderen Orten gibt man eine Königskerze in die Mitte der Sträuße, auch eine Mariendistel darf nicht fehlen. Brennnesseln wird man in einem Würzbüschel vergeblich suchen. Unsere Vorfahren haben nicht jedes Kraut weihwürdig gefunden

Ist der Strauß geweiht, wird er ehrfurchtsvoll nach Hause getragen und kopfüber in den Dachgiebel von Speicher oder Stall aufgehängt. Besonders wichtig ist es auch, den alten Strauß - spätestens nach einem Jahr - irgendwann zu verbrennen, auf den Kompost zu geben oder zu vergraben. Der Strauß muss wieder dem Kreislauf der Natur zugeführt werden.

Von dem geweihten Würzbüschel, ins Haus oder bei ländlichen Haushalten in den Stall gebracht, versprachen sich die Menschen vieler Jahrhunderte eine besondere Schutzwirkung. Bei Gewitter wurde in früheren Zeiten der Würzbüschel vor das Fenster gestellt. Die getrockneten Kräuter wurden im Winter an das Vieh verfüttert. War einer der Bewohner erkrankt, hatte man die passenden Zugaben im Haus, um einen lindernden Tee aufzusetzen.

Doch welche Kräuter gehören in den Würzbüschel? Als eine Bezeichnung für eine Gruppe von Kräutern kann das Stichwort „Maria Bettstroh" genannt werden. Das sind Waldmeister und andere Labkräuter, Frauenmantel, Johanniskraut, Quendel oder das schmalblätterige Weidenröschen. Der Strauß aus Blumen und Pflanzen, die man auf Wiesen, im Wald, oder am Wegesrand sammelt, wird ergänzt durch Blumen und Kräuter aus dem eigenen Garten. Eine Rolle spielt dabei auch die Anzahl der verwendeten Kräutersorten. Die magische Zahl 7 wird ebenso genannt wie die 77. Ein Vielfaches von 3 scheint immer richtig zu sein, so dass es 12, 33 oder sogar 99 Kräuter sein können.

Kircheneinblicke 1

KLOSTER

Das Kloster (lateinisch: clostrum, was „abgeschlossener Ort" bedeutet) ist eine genau abgegrenzte, dorfähnliche Anlage, in der religiöse Menschen (Mönche oder Nonnen genannt) in einer „Klosterfamilie" nach bestimmten Regeln ihres Ordens - ohne Eigentum, in keuscher Ehelosigkeit und gehorsam - zusammenleben. Die ersten Klöster sind im 4. Jahrhundert aus Einsiedlerkolonien in Ägypten und Palästina hervorgegangen. Das von 361 - 363 in Ägypten errichtete Antoniuskloster wird als das älteste Kloster der Welt angesehen. Das abendländische Klosterwesen ist im Wesentlichen eine Schöpfung des Mittelalters und erhielt seine Prägung durch die Orden der Benediktiner und Zisterzienser. Zum Kloster gehören die Kirche (Klosterkirche), die am Kreuzgang liegt und siebenmal am Tag aufgesucht wird, das Wohnhaus der Klosterbewohner mit Refektorium (= Speisesaal), Kapitelsaal (für Versammlungen und Lesungen), Dormitorium (schmuckloser Schlafsaal, Einzelzellen kamen erst später auf), Küche und Keller, Bibliothek, Abtwohnung, Gasthaus, Arzt- und Krankenhaus (Hospital) sowie Schule und Wohnung der Novizen (= Christen, die neu in den Orden eingetreten sind, von lateinisch „novus" = neu). Das Haus der Klosterleitung (Abt, Äbtissin) liegt außerhalb der Klausur (= abgesperrter Gebäudeteil, Wohnräume der Mönche oder Nonnen, die von

Fremden nicht betreten werden dürfen). Da die Mönche und Nonnen für ihren Unterhalt selbst sorgen müssen, wurden an die Klöster verschiedene Wirtschaftsgebäude gebaut: Ställe, Scheunen, Mühle, Backhaus und Werkstätten (Küferei, Schmiede, Wagnerei, Schreinerei), in denen man für sich und zum Verkauf an die außerhalb der Klöster angesiedelten Menschen Lebensmittel, Bücher oder Kunstwerke produzierte. Die Klöster waren im frühen Mittelalter Träger der Kultur. In den meisten Fällen wurde dem Kloster eine Schule (Lateinschule = Gymnasium) angeschlossen. Die Mönche sammelten und überlieferten alte Kulturgüter, waren Stätten wissenschaftlicher Arbeit, gründeten Schulen, rodeten Wälder, betrieben vorbildlich Ackerbau und Viehzucht. Viele Menschen ließen sich um die Klöster herum nieder und wurden Nutznießer der von den Mönchen urbar gemachten Flächen. In der Regel mussten sie dafür den Zehnten ihres Ertrages als Pachtgeld an die Klöster abgeben.

Früher war alles besser, oder?

ERINNERUNGEN AN DENKWÜRDIGE ZEITEN

Früher war alles besser, weiß der Volksmund. Und so lauteten jüngst auch die forsch formulierten Thesen jenes Gesprächs neulich mit alten Freunden. Gemeinsam erinnerte sich die nette Runde zurück an jene denkwürdigen Zeiten, da wir noch selbst nachdachten, statt zu googeln, wie Peter schenkelklopfend doziert.

Und dann die Autos erst, der Käfer, ja der Käfer! Einfachste Technik, robust, funktional und doch ästhetisch. Gar kein Vergleich mehr mit diesen aerodynamisch geformten Techno-Teilen von heute, bei denen man ein Proseminar brauche, um überhaupt die Nebelschlussleuchte einschalten zu können, merkt Willy an. Und der Sport erst, Jürgens Lieblingsthema, wie gern habe er immer „Tanne" Fichtel bei seinen „Blutgrätschen" zugesehen. Das war doch noch ehrliche Fußball-Arbeit.

Und dann die Glotze: Fernsehen war früher ja auch viel besser, überhaupt keine Frage. Da habe man als Zuschauer nicht auf jedem Sender die Suppe auslöffeln müssen, die irgendein halbbekannter TV-Koch einem einbrockte. Hand aufs Herz: Früher musste man auch nicht immer dieselben Langweiler-Serien sehen.

Auf dem Heimweg suchen uns dann unvermittelt etwas andere Erinnerungen heim: dass unser 1300er damals irgendwie schneller rostete, als er fuhr, dass der blaue Lieblingsverein, für den unser junges Fußballherz schlug, um dasselbe brach (und zwar mit seinen Schiebereien beim Bundesliga-Skandal), dass wir am Drehknopf neben dem Fernsehbildschirm oft nur die Wahl hatten zwischen Ernst Mosch und seinen Original-Egerländern und der Trapp-Familie.

Eins war früher ohne jeden Zweifel besser: wir selbst. Wir hatten keinen Bauch, wir hatten keine Glatze und wir hatten kein Kreuzweh beim Aufstehen. Da sind wir uns sicher, das müssen wir gar nicht erst googeln.

Kircheneinblicke 2

Im Oktober 1984 hatte ich kurz Gelegenheit New York zu besuchen. Gleich nach der Ankunft in Manhattan ging es zum World Trade Center und dort hinauf zur 400 Meter hohen Plattform, die einen herrlichen Ausblick über die amerikanische Metropole bot. Siebzehn Jahre später wurden die weltbekannten Zwillingstürme tragischerweise dem Erdboden gleichgemacht. Was dann dort war, „Ground Zero", hat der Duden aufgenommen. Das Wörterbuch enthält rund 40 Begriffe mit der Silbe „turm"., was die herausragende Bedeutung dieses Bauwerkes für das Leben zeigt. Nach dem 11. September 2001 verglich man solche „Wolkenkratzer" mit dem „Babylonischen Turm" - ein biblischer Ausdruck menschlicher Selbstverherrlichung, zugleich ein strafbarer Verstoß gegen die Regel „Gott ist oben, der Mensch ist unten". Der christliche Sakralbau kennt seit 1000 Jahren neben dem „Kirchenschiff" auch den „Kirchturm" oder „Münsterturm". Im Innenraum gibt es etwas zu sehen und zu feiern. Der Turm dagegen wirkt nach außen offiziell als Burg Gottes, als Abbild des himmlischen Jerusalem, überhaupt als menschliche Preisung göttlicher Größe. Heimlich aber auch als Eigenlob architektonischer Meisterschaft. Der Turm - mit dem Hahn auf der Spitze dient zudem als Wächter und Prediger der Kirche. Hinzu kommen Funktionen als „Glockenturm" und „Turmuhr-Träger" sowie in Meeresnähe als

Seezeichen oder „Leuchtturm". In jüngster Zeit wird er auch häufig als „Aussichtsturm" genutzt, wie zum Beispiel der „Ulmer Münsterturm", der mit 161,53 m Höhe bis heute der höchste Kirchturm der Welt ist. Ein Kirchturm kann auch für eine ganze Großstadt zum Hoffnungszeichen werden. 1945 bot Köln ein umgekehrtes Bild zu New York. 2001: die zerbombte Stadt Köln - ein einziges Trümmerfeld. Nur der Dom mit seinen beiden Türmen stand noch. Sie vermittelten die Botschaft: Das ist nicht das Ende, das Leben geht weiter.

Sepp Herberger starb vor 40 Jahren

DER EHEMALIGE BUNDESTRAINER BLEIBT UNVERGESSEN

Jedes Kind kannte ihn und auch mehr als 60 Jahre nach dem Gewinn der Fußball-Weltmeisterschaft 1954 - ich war damals 13 Jahre alt - ist der Name Sepp Herberger ein Begriff. Er wurde in Mannheim geboren, lebte lange in Weinheim (Hohensachsen) und fand dort seine letzte Ruhestätte. Die damals noch selbstständige Gemeinde Hohensachsen hatte Sepp Herberger bereits vier Tage vor dem WM-Finale gegen Ungarn zum Ehrenbürger ernannt. Seit der Eingemeindung nach Weinheim wurde er auch als Ehrenbürger der Zweiburgenstadt geführt. Zu seinem 80. Geburtstag fügten die Städte Weinheim und Mannheim weitere Ehrungen hinzu. Doch nur wenige Wochen nach seinem runden Geburtstag starb Sepp Herberger am 28. April 1977 an Herzversagen. Weinheim setzte ihm im Jahr darauf ein Denkmal und benannte das Weststadt-Stadion in

Sepp-Herberger-Stadion um. Aber auch zum 100. Geburtstag erinnerte man sich in Weinheim und Hohensachsen noch einmal dankbar an den berühmten Fußball-Lehrer, dessen kurze Weisheiten („Der Ball ist rund") noch heute jeder kennt. Am 31. Mai 1997 wurde im Weinheimer Hauptbahnhof ein ICE auf den Namen „Seppl Herberger" getauft. Und am 7. November 1997 gab sich die Schule in Hohensachsen den Namen „Sepp-Herberger-Grundschule", die sich bis heute über den Besuch prominenter Fußballer freut. Sepp Herberger gehörte in den 1920er Jahren zu den besten Fußballern in Deutschland. Mein Vater erzählte mir, dass Sepp Herberger mehr als 250 Tore in Pflichtspielen erzielt hat und dass er stets der strategische Kopf der Mannschaft war. Auf dem Platz war er eine absolute Führungspersönlichkeit. Abseits des Spielfeldes verhielt sich Sepp Herberger aber sehr zurückhaltend. Vor allem gegenüber bürgerlichen Kreisen fühlte er sich unsicher, weil er nur sieben Klassen Volksschule und ein Jahr Bürgerschule besucht hatte. Wie der Spieler Sepp Herberger war auch der Trainer Sepp Herberger mit seinen fachlichen Qualitäten eine Führungspersönlichkeit. Er hatte darüber hinaus eine große Stärke im mentalen Umgang mit den Spielern. Darin dürfte Sepp Herberger damals sogar einmalig gewesen sein. Deshalb wurde er oft auch als „Psychologe" bezeichnet. Ohne Zweifel ist Sepp Herberger ein Stück Nachkriegsgeschichte, sportlich und gesellschaftlich. Bis heute ist es nicht vorgekommen, dass ein derartiger Außenseiter wie Deutschland bei der WM 1954 Weltmeister wird, schon gar nicht gegen eine Mannschaft wie damals die Ungarn. Gesellschaftlich gesehen ist durch den WM-Erfolg ein Krieg besiegtes und mit Schuldvorwürfen konfrontiertes Volk, dessen Land in Trümmern lag, wieder zur Identifikation mit sich selbst gelangt. Der damals vielzitierte Satz „Wir sind wieder wer", an den sich meine Generation noch heute erinnert, sagt eigentlich alles aus. Durch seine Vereinswechsel als Spieler zuletzt nach Berlin ist Sepp Herberger, in Mannheim oft als Prolet bezeichnet, irgendwie zwischen alle Stühle geraten, deshalb gab es zunächst auch keine Erinnerungspflege. Ich meine, selbst heute noch sollte hier die Bedeutung Sepp Herbergers stärker hervorgehoben werden. Die Tatsache, dass er als Mannheimer Arbeiterkind internationale Fußballgeschichte geschrieben hat, sollte die Stadt Mannheim viel stärker für ihre Imagepflege nutzen.

Wie unser tägliches Brot gebacken wurde

BACKES, BROT UND KUCHEN

Das erste Brot entstand wahrscheinlich vor 8000 Jahren, und zwar aus Grassamen, die der Mensch sammelte, zu Mehl zerstampfte, mit Wasser mischte und unter heißer Asche auf einem Stein ausbuk. Hebräer, Chinesen und Ägypter aßen Fladenbrot aus Mehl und Wasser. Die Ägypter entdeckten vor ca. 3000 Jahren als erste, dass das Brot lockerer und weicher wurde, wenn man den Teig vor dem Backen gären ließ. Ungeachtet der vielen verschiedenen Brotsorten, die vom Weißbrot über Schwarzbrot und dem bei uns auch üblichen Roggen- und Mischbrot bis hin zum Knäckebrot reichen, und trotz moderner Herstellungsmethoden ist das Brot seit dem Ende der Steinzeit (vor ca. 4400 Jahren)in seinen Hauptbestandteilen gleichgeblieben. Der Teig wird aus Mehl und Wasser unter Zusatz von Sauerteig und einer Prise Salz eingerührt, geknetet und geformt und dann im Ofen gebacken. Die folgenden Zeilen sollen darüber Auskunft geben, wie das Brot in Hering hergestellt wurde, und zwar zu jener Zeit, als uns die Bäcker aus den umliegenden Orten noch nicht wie heute dieses Hauptnahrungsmittel ins Haus lieferten. Zunächst musste das Brotmehl, das seit Jahrtausenden vornehmlich aus Roggen stammt, gewonnen werden. Diese Getreideart besitzt einen hohen Anteil von Klebern, auch Gluten genannt, durch die der Teig zusammengehalten wird., was für die Brotherstellung eminent wichtig ist.

Sicher haben unsere Vorfahren vor Jahrtausenden auch in unserer Gegend - nachdem hier die primitiven Ackerbaumethoden eingeführt waren - schon das zum Leben notwendige Backmehl durch Betätigung von Handmühlen erzeugt, bei denen auf einem leicht gewölbten und ausgehöhlten feststehenden Grundstein, auf dem die Getreidekörner lagerten, diese durch einen handbewegten Stein grob zermahlen wurden. Später seit dem achten Jahrhundert haben Drehmühlen, bei denen an einem Göppel ziehend ein Tier den oberen beweglichen Mühlstein auf den unteren unbeweglichen Stein in drehende Bewegung gebracht hat, diese Aufgabe übernommen. Von Wasser betriebene Mühlen werden erst im elften Jahrhundert erwähnt. Von einer eigentlichen Mühlenindustrie im modernen Sinne jedoch kann man erst seit der sprunghaften Entwicklung in der Neuzeit sprechen, in der neben der Wasser- und Windkraft noch die Dampfkraft und die Elektrizität traten. Hering mit einer kleinen und nicht besonders fruchtbaren Gemarkung sowie der fehlenden Naturkraft des fließenden Wassers besaß keine Mühle. Aus diesem Grund mussten die Heringer ihr Getreide, welches im Übrigen von vielen Nichtlandwirten bis etwa 1950 durch das sogenannte Ährenlesen eingesammelt wurde, zu den unten im Tal liegenden Mühlen, im Allgemeinen zur

Bunden- und Heydenmühle bringen , um es dort mahlen zu lassen. Da das kleine Städtchen Hering meist einen Bäckermeister nicht ernähren konnte, mussten seine Bürger zunächst ihr Brot zu Hause bzw. bei den wenigen Landwirten, wo sie in der Regel als Tagelöhner arbeiteten, im Backofen herstellen, bis man aus Zweckmäßigkeitsgründen - man denke nur an den Schmutz im eigenen Heim - im 19. Jahrhundert unweit des Rathauses in einem schlichten massiven Bau einen Backofen zum Allgemeingebrauch einrichtete. Obwohl um die Jahrhundertwende bei dem Bäcker und Weinzapfer Franz Lieb und später bei dem Bäcker Valentin Schimpf sowie in anderen Läden Brot angeboten wurde, stellten die meisten Heringer ihre Brotwaren - wohl aus Kostengründen - im „gemeinheitlichen Backhaus" selbst her, welches bis in die fünfziger Jahre genutzt wurde. Mit wachsendem Wohlstand gab man dann aber sehr bald das doch immerhin sehr lästige Selbstbacken auf, und der Backofen geriet mehr und mehr in Vergessenheit, bis einige Heringer Bürger die Ärmel aufkrempelten und mit großem Einsatz das sich inzwischen in einem desolaten Zustand befindliche Gebäude instand setzten. Der Backofen konnte nunmehr wieder in Betrieb genommen werden, und es dauerte nicht lange, da wurde am Pfingstsamstag des Jahres 1979 das erste Backfest gefeiert, bei welchem man wie in der guten alten Zeit ofenfrisches Brot und ebensolchen Kuchen , mit Unterstützung der Frauen, die sich noch sehr genau an das „Backen im Backes" erinnern konnten, herstellte. Alljährlich wird jetzt das Backhausfest gefeiert. Hierbei geht es nicht so sehr um das Backen an sich, als darum, den Wandel von der früheren manuellen Tätigkeit zur heutigen industriellen Großproduktion zu erkennen.

Ein Backhaus, in Hering mundartlich auch Backes genannt, war früher bis in die fünfziger Jahre für die Versorgung in einer ländlichen Gemeinde sehr wichtig. Hier wurde zentral Brot und Kuchen gebacken. Es war auch ein Kommunikationspunkt, denn die Bürger tra-

Die Kerb

DER ALLJÄHRLICHE TREFFPUNKT

Es ist ein Höhepunkt im Jahr, dem viele meiner Bekannten schon Wochen - wenn nicht sogar Monate - im Vorfeld entgegenfiebern. Am kommenden Freitag fällt dann endlich der Startschuss zur Heringer Kerb. Wen es nach Ausbildung oder Heirat in eine andere Stadt oder Gemeinde verschlagen hat, der kommt für dieses eine Wochenende zurück in seine alte Heimat, um die Verbundenheit mit der Region aufleben zu lassen. Das zweite Wochenende im September ist im Kalender rot markiert - da werden keine

Kompromisse gemacht. Beim Schlendern durch die engen Gassen im alten Ortsbereich, beim Feiern auf dem Festplatz oder bei einer Fahrt auf dem Autoskooter: Erinnerungen an vergangene Tage werden wach und Kontakte zu Menschen, die man schon lange nicht mehr gesehen hat, wieder aufgefrischt. Das sind oftmals Personen, die man meistens nur dieses eine Mal im Jahr zu Gesicht bekommt, was ein Wiedersehen umso schöner macht. Das ist doch das Besondere an Kirchweihfesten - egal ob in Hering oder andernorts. Hier begegnet man Menschen, die man schon seit Kindheitstagen kennt oder mit denen man vielleicht die Schule besucht hat. Neuigkeiten zu erfahren oder zu hören, was im Leben der Bekannten - oder weiteren, gemeinsamen Klassenkameraden und Arbeitskollegen gerade so passiert, interessieren uns doch alle. Oftmals stellen wir fest: Egal, wie viele Monate seit dem letzten Treffen verstrichen sein mögen: Wir entdecken noch immer viele Berührungspunkte zu Menschen, die uns schon immer am Herzen gelegen haben. Die Gesprächsthemen gehen nicht aus; und plötzlich scheint die Zeit stehen zu bleiben, kleine Sorgen sind vergessen. Dafür sind Feste gemacht.

Grüne Geschichtsbücher

BÄUME SIND ZEUGNISSE EINER BEWEGTEN VERGANGENHEIT

Bäume haben wahrscheinlich eine der längsten Lebensdauern unter den Lebewesen auf unserer Erde. Viele werden trotzdem nicht älter als ein paar Jahrzehnte. Doch einige haben es geschafft, die Jahrhunderte zu überdauern und sind fest mit ihrer Umgebung verwachsen. „Alt wie ein Baum möchte ich werden", sang einst eine der bekanntesten Rockbands der ehemaligen DDR. Der Vergleich kommt nicht von ungefähr. Seit jeher sind Menschen von Bäumen fasziniert von ihrer Größe, ihrer Schönheit und auch von ihrem Alter. Denn die stattlichen Pflanzen haben zum Teil schon ein langes Leben hinter sich, wenn in diesem Sommer wieder viele Menschen unter ihnen ein schattiges Plätzchen suchen. Bäume sind sozusagen „Zeugen der Zeit" und haben vieles von dem miterlebt, was heute nur noch in Geschichtsbüchern zu finden ist. Auch in unserer Region gibt es einige Bäume, die schon seit Jahrhunderten an ihrem Platz stehen:

Die Siegfriedseiche
Die dicke Eiche, auch Siegfriedseiche genannt, ist ein Naturdenkmal, welches am Ortsrand von Airlenbach, einem Stadtteil von Oberzent, früher Beerfelden, (Odenwaldkreis), steht. Die etwa 550 Jahre alte Stieleiche wurde 2012 aus Sicherheitsgründen bis auf einem knapp 5 Meter hohen Stumpf gekappt und in der Folge konserviert sowie mit einem Schutzdach versehen, um die Erinnerung an eines der bekanntesten Naturdenkmale im Odenwald zu erhalten.

Die Bettelmannsbuche
Diese Buche, die noch bis in die 50er Jahre des vorigen Jahrhunderts auf dem heutigen Parkplatz „Bettelmannsbuche" oberhalb von Ober-Nauses stand und an die ich mich noch gut erinnern kann, soll angeblich 300 Jahre alt gewesen sein. Gespalten durch einen Blitz standen zuletzt zwei Stammteile, die aufgrund von Fäulnis komplett hohl waren. Ihr Alter konnte durch Dokumente nicht belegt

werden. Nach alten Überlieferungen lagerte unter seiner Krone vor über 100 Jahren fahrendes Volk (Bettler).

Die Sausteigeiche

Die Sausteigeiche in Groß-Umstadt war Treffpunkt der hiesigen Schweinehirten vom Mittelalter bis in die beginnende Neuzeit. Geschätztes Alter 300 Jahre. Der größte Stammumfang beträgt 467 cm, die Höhe 29 Meter.

Die Heringer Dorflinde

Die sogenannte Friedenslinde wurde nach dem Deutschfranzösischen Krieg 1870/1871 im Zentrum des Otzberger Ortsteils Hering am 22. März 1871 gepflanzt. In ihrer Nähe befand sich das von einem Kunstschmiedezaun eigefasste „71er Ehrenmal", das heute auf dem Ehrenfriedhof steht; deshalb bezeichnen die alten Heringer den Platz um die Linde heute noch als „Lindengärtchen".

Methoden der Forschung

Um das Alter eines Baumes zu bestimmen, kann man - wie mir Fachleute erklärten - drei verschiedene Methoden anwenden. Die erste Methode ist wohl jedem bekannt, das Zählen der Baumringe. Jeder hat wahrscheinlich schon einmal versucht, die Ringe eines gefällten Baumstumpfes abzuschätzen. Damit man den Baum nicht fällen muss, kann man auch einen Bohrkern aus dem Baumstamm entnehmen. Besonders bei alten Bäumen ist diese Methode aber oft nicht möglich. Im Laufe der Zeit sind zum Beispiel Teile des Baumes verrottet, so dass die Baumringe fehlen.

Die zweite Möglichkeit ist, den Baum mit anderen alten Bäumen seiner Art zu vergleichen, deren Alter bekannt ist. Da jedoch jeder Baum durch seinen Standort, sein

Wachstum und sein Aussehen einzigartig ist, ist diese Altersbestimmung auch nicht eindeutig.

Eine dritte Variante ist die Bestimmung des Baumalters mithilfe eines Faktors. Der Umfang des Baumes in Zentimetern in einem Meter Höhe wird mit einem baumabhängigen Faktor multipliziert. Bei Eichen und Linden beträgt dieser 0,8. Hat eine Eiche also einen Umfang von 100 Zentimetern, ist der Baum ungefähr 80 Jahre alt. Die Individualität der Bäume macht eine genaue Aussage jedoch schwierig. Das tatsächliche Alter eines Baumes lässt sich also nur sicher ermitteln, wenn sein Zustand ein Zählen von Jahresringen möglich macht.

Die meistgedruckte Briefmarke Deutschlands

DIE NOTOPFERMARKE BERLIN ERSCHIEN ERSTMALS 1948

Im fast völlig durch Kriegseinwirkungen zerstörten Berlin, dem Brennpunkt des beginnenden Kalten Krieges, überschlagen sich im Juni 1948 die Ereignisse. Schon im März hatte die Sowjetunion den Alliierten Kontrollrat (= Oberste Besatzungsbehörde nach dem Zweiten Weltkrieg (1939 - 1945)) mit Sitz in Berlin verlassen, was im Jahr darauf zur Teilung Deutschlands führte. Als dann am 20. Juni 1948 in der Westzone die Deutsche Mark (DM) eingeführt wurde, eskalierte die Situation. Die Sowjets führten ebenfalls eine eigene Mark-Währung ein, die für ganz Berlin gelten sollte - und blockierten ab dem 24. Juni 1948 alle Land- und Wasserverbindungen, über die Versorgungsgüter (Lebensmittel, Medikamente, Brennmaterial) aus dem

Westen in die Stadt gebracht wurden. Auf dieser Weise wollten die Sowjets den Rückzug der Westalliierten (= USA, Großbritannien und Frankreich) erzwingen.

Die Berliner Luftbrücke
Jetzt startete unter US-Führung eine beispiellose Rettungsaktion. Bereits am 26. Juni begann mit der Berliner Luftbrücke eine Hilfsaktion von gewaltigem Ausmaß. Für ein knappes Jahr flogen die „Rosinenbomber" (= umgangssprachliche Bezeichnung für die Flugzeuge der Alliierten zur Zeit der Berliner Luftbrücke) rund 2,1 Millionen Hilfsgüter in die Stadt und sicherten so die nötigste Versorgung der in West-Berlin abgeschotteten Menschen. Die Kosten der Luftbrücke waren immens. Deshalb beschloss der Wirtschaftsrat der amerikanisch-britischen Besatzungszone (Bizone) am 19. Oktober 1948 die Einführung des „Notopfers Berlin". Es bestand aus einer Zusatzabgabe zur Einkommenssteuer sowie einer Steuermarke zu 2 Pfennigen, die zusätzlich zur Frankatur auf Inlandpost zu kleben war. Fehlte die Notopfermarke, wurde die Briefbeförderung abgelehnt. Briefe aus Berlin ins Ausland oder die Sowjetische Besatzungszone (DDR) waren von der Notopfer-Pflicht befreit. In Hessen, das zur Bizone gehörte, kamen die Notopfer-Marken ab dem 1. Dezember 1948 zum Einsatz.

Die Notopfermarke
Zur Unterscheidung von anderen Briefmarken war die Notopfermarke nur halb so groß wie herkömmliche Marken (12,75 mm x 21,48 mm). Ihre Beschriftung war weiß auf einem Hintergrund in Blau -eine Farbe, die auf gängigen Postwertzeichen der damaligen Zeit kaum vertreten war. Nach der Berlin-Blockade am 11. Mai 1949 war die Notopfermarke noch bis 1956 im Gebrauch. Die

Einnahmen wurden für Aufbaumaßnahmen verwendet. Insgesamt wurden 17 Milliarden Exemplare verkauft.

Die Notopfermarke (Größe: 12,75 mm x 21,48 mm) ist ein faszinierendes Dokument, welches uns die Spannungen des Kalten Krieges noch heute vor Augen führt.

Demokratien sind leicht angreifbar

ES IST NÜTZLICH AUS DEM SCHEITERN DER WEIMARER REPUBLIK ZU LERNEN

Demokratie ist nicht selbstverständlich, man muss sie ständig bewahren. Gleiches gilt für den Frieden. Noch vor zwei, drei Generationen haben sich die europäischen Staaten als Erbfeinde betrachtet. Dass sie heute freundschaftlich miteinander umgehen, ist ebenfalls keine Selbstverständlichkeit und muss ständig neu erarbeitet werden. In Deutschland gab es nur zwei demokratische Republiken, die jetzige und die von Weimar (1918 - 1933). Die Deutsche Demokratische Republik (DDR), die von 1949 bis 1990 existierte, hieß nur so. Dass von dem 1919 gestarteten ersten Demokratieversuch im Wesentlichen nur der Negativbegriff von den „Weimarer Verhältnissen" geblieben ist, ist gegenüber den Urvätern - und damals erstmalig auch

Urmüttern - ungerecht. Die am 31. Juli 1919 in der thü-
ringischen Stadt Weimar beschlossene Verfassung würde
die meisten Staaten der Welt auch heute noch regelrecht
in die Moderne katapultieren. Andererseits ist der Blick
auf die Gründe des Scheiterns dieses Experiments wichtig,
um daraus zu lernen. Zwar ist die seit 1949 bestehende
Bundesrepublik viel älter und stabiler als Weimar. Auch
sind ihre ökonomischen, sozialen und politischen Rah-
menbedingungen nicht mit damals vergleichbar. Es gibt
keine Dolchstoßlegenden und keine plündernd umherzie-
henden Soldaten. Insgesamt ist die heutige Gesellschaft
viel aufgeklärter und offener. Der Schwund der Volkspar-
teien gibt jedoch Anlass zur Sorge, ebenso wie die zuneh-
mende Polarisierung der Debatten. Viele der Elemente, die
sich in der Weimarer Republik am Ende zu einer giftigen
Mischung konzentrierten, gibt es auch heute noch oder
wieder. Allen voran das mangelnde Bewusstsein der De-
mokraten über die Verletzlichkeit der Demokratie. Was
früher die Straßenschlacht war, ist heute der Shitstorm (=
negative Kritik gegen eine Person in sozialen Netzwerken).
Die etablierten demokratischen Parteien haben genau wie
in der Endphase von Weimar auch jetzt viel zu häufig nur
ihren kurzfristigen Vorteil im Blick. Und sehen nicht, wie
zerbrechlich das Staatsgebilde ist. Die Unfähigkeit, sich
auf eine Wahlrechtsreform zu einigen, ist dafür ein Beispiel. Der Streit zwischen den christlichen Parteien um die
Flüchtlinge war ein anderes. Wenn immer mehr Menschen
schon in einer Zeit bester wirtschaftlicher Entwicklung
Parteien wählen, die nur einfache Antworten geben und
Hass säen, dann stellt sich die Frage, was passieren
würde, falls wieder eine echte Wirtschaftskrise ausbrechen
sollte, so wie 1930. Der Nationalismus ist europaweit zwar
dem Gedanken der Kooperation gewichen, doch erlebt er
derzeit in einigen Staaten eine Renaissance. Der

Rassismus ebenfalls. Jederzeit können antidemokratische Tendenzen wieder hochkommen. Demokratien sind leicht angreifbar, weil sie offen sind. Von innen und von den Eliten, wie damals in Weimar. Dank des Internets nun aber auch von außen von fremden Mächten mit Lügenkampagnen und Wahlmanipulationen. Die Weimarer Republik ist wie ein Geschichtsbuch der deutschen Demokratie, das einzige, das die Deutschen hierüber haben. Sie sollten auch heute noch darin lesen. Es könnte nützlich sein.

Kopfweiden

Landleben vergangener Zeiten: Die Lebens- und Arbeitsbedingungen erfuhren auch im Odenwald nach dem Zweiten Weltkrieg (1939 - 1945) grundsätzliche Veränderungen. Die Menschen auf dem Lande waren auf Selbstversorgung angewiesen oder eingestellt. Körbe, Lehmfachwerkgeflechte und sonstige Flechtwerke wurden aus geeigneten Ruten selbst angefertigt, die man von Weiden - meist waren es Silberweiden - abschnitt. Man sägte den Stamm in einer Höhe von zwei Metern ab. An der Schnittstelle, dem Kopf, trieb der wuchsfreudige Baum viele neue Triebe aus, die leicht zu erreichen und abzuschneiden waren. Aus älteren Zweigen wurden Besen und Werkzeugstiele hergestellt. Die stärkeren Äste wurden häufig als Pfähle für das Errichten von Weidezäunen benutzt. Durch die enorme Regenerationsfähigkeit der Weiden entstanden aus diesen Pfählen oft wieder neue Kopfweiden. Diese wurden später nur noch selten geschnitten, weswegen sich ihre Statik veränderte und der Kopf oft auseinanderbrach. So entstanden bizarre, geschädigte Kopfweiden, die aufgrund ihres kuriosen Aussehens auch Beachtung in der Kultur erlangten. In Märchen und Sagen spielen sie häufig als Wohnort für Elfen und Wassergeistern eine besondere Rolle.

Ein mysteriöses Wunderwerk

KEIN MENSCH KANN SICH ERKLÄREN, WARUM DER REISSVERSCHLUSS FUNKTIONIERT

Etliche Tüftler haben sich an einer Verschlussmethode versucht, die ohne Knöpfe und Bänder auskommt. Erfolg hat der Amerikaner Whitcomb Leonard Judson (1846 - 1909), der die Erfindung am 29. August 1893 patentieren lässt. Heute werden in Deutschland 70 Millionen laufende Meter Reißverschluss im Jahr produziert.
Für den deutschen Schriftsteller Kurt Tucholsky (1890 - 1935) blieb das gezackte Wunderwerk der Ingenieurtechnik zeitlebens ein Geheimnis: „Kein Mensch kann sich erklären, warum der Reißverschluss funktioniert!" tönte das Lästermaul unter seinem Pseudonym Peter Panter 1928 in der 1934 letztmals in Berlin erschienenen „Vossischen

Zeitung". Ich weiß es nicht, du weißt es nicht, wir alle wissen es nicht.

Auch der erste von 1949 bis 1959 amtierende Bundespräsident der BRD Prof. Dr. Theodor Heuß (1884 - 1963) gab sich ahnungslos: Als er in den 1950er Jahren die Ausstellung „Bergbau" im Deutschen Museum in München eröffnete, brummte der Schwabe, an dessen markante Stimme ich mich noch gut erinnere, den Kuratoren ins Ohr: „Meine Herren, das interessiert mich hier eigentlich alles gar nicht. Aber wie ein Reißverschluss funktioniert, das wüsste ich schon gerne."

Er klemmt, wenn er nicht klemmen soll. Er öffnet sich, wenn er sich nicht öffnen soll. Jeans rutschen, Anoraks flattern im Wind, durch Hosentüren zieht es. Schlimmer noch: Tausende männliche Patienten landeten wegen einer „Reißverschluss-Verletzung" an ihrem „besten Stück" in der Notaufnahme. Zwei Drittel davon waren Kinder. Deutschen Medizinern war das schmerzhafte Problem 1999 sogar ein Fachbuch wert: „Reißverschlussverletzungen - Tipps und Tricks für den Urologen".

Schräg, amüsant und manchmal auch tragisch sind Überlieferungen, die sich um den Reißverschluss ranken. Die Geburt des Reißverschlusses beginnt ganz unten - an den Füßen. In hoch geknöpften Schuhen stolzieren die Bürger im 19. Jahrhundert über das Pflaster. Und es braucht viel Geschicklichkeit, die Galoschen mit Stiefelknöpfen zu bändigen. Ob Hosen, Jacken, Kleider, Korsetts - alles wird umständlich und zeitraubend zugeknöpft oder verhakt.

Der Geistesblitz eines ehemaligen Leutnants bei der US-Kavallerie führt zur Entwicklung des ersten echten Reißverschlusses. Um einen an Arthritis leidenden Freund das Schließen der Stiefel zu erleichtern, tüftelte Whitcomb Leonard Judson, ein Maschinenbauingenieur, einen auf Haken und Ösen basierenden Verschluss, den er am 29.

August 1899 mit dem klangvollen Namen: „Klemmöffner und Klemmschließer für Schuhe" zum Patent anmeldete. Noch im selben Jahr präsentiert Judson auf der Weltausstellung in Chicago (USA) seine bahnbrechende Idee. Heute werden allein in Deutschland jährlich um die 70 Millionen laufende Meter Reißverschluss produziert. So viel, dass man ihn zweimal um den Erdball wickeln könnte.

Ein Leben ohne Reißverschluss? Undenkbar! Längst finden wir die geniale Erfindung, die unseren Alltag erleichtert und beschleunigt, nicht nur bei Kleidern, Hosen, Taschen, Geldbeuteln und Bettwäsche. Sie verschließt auch Zelte, Tauchanzüge, selbst rindslederne Bibeln und Leichensäcke.

Die Produktion brummt. Heute verbraucht ein Mensch in den Industrieländern zu Lebzeiten im Schnitt 20 Meter Reißverschluss.

Kurt Tucholsky hatte wohl recht, als er vor mehr als 100 Jahren scherzte: „Keiner weiß, warum der scheinbar so einfache, welterobernde Reißverschluss funktioniert. Die Fabrikanten können ihn herstellen, aber sie wissen eigentlich auch nicht ganz genau, was sie da fabrizieren..."

Der Blick nach unten auf die Erde

WIR SOLLTEN ÖFTER IN GEDANKEN ÜBER UNSEREN PLANETEN FLIEGEN

Hatten Sie einmal Gelegenheit, während eines Fluges aus dem Fenster nach unten auf die Erde zu schauen? Wie eine Spielzeugwelt sieht alles aus. Auch Luftaufnahmen faszinieren mich. Als ich vor wenigen Tagen die Zeitung aufschlug, war ich allerdings schockiert. Denn ein Luftbild zeigte die verheerenden Waldschäden mit zahllosen abgestorbenen Nadel- und kranken Laubbäumen in der näheren Umgebung. Hervorgerufen durch Dürre und Borkenkäferbefall - schlussendlich verursacht durch den Klimawandel, wie sich die Experten einig sind. Das Foto gab mir den Anstoß zu einem Gedankenspiel: Wie wäre es wohl, wenn man die ganze Welt aus der Vogelperspektive betrachten könnte? Ich fürchte, die Freude über das Schöne und Gute würde einem vergehen, angesichts des Elends, das vielerorts herrscht: Kriege, Gewalt, Katastrophen, menschliche Borniertheit und Gleichgültigkeit gegenüber Menschen und der Schöpfung. Wir sehen von oben sehr deutlich, dass die Zerstörung des Tropenwaldes in breiten Teilen unserer Erde besorgniserregend voranschreitet, nicht nur in Brasilien, auch anderswo, zum Beispiel in Indonesien. Dort wird Palmöl aus der Ölpalme gewonnen, die in riesigen Monokulturen angebaut wird und keine andere Pflanze neben sich duldet. Das Palmöl wird in verschiedenen Lebensmitteln verarbeitet - von Margarine über Nuss-Nougat-Creme bis hin zur Tiefkühlpizza kann es vorkommen. Daneben findet es auch in Wasch- und Reinigungsmitteln Verwendung. Diese Allgegenwart im Alltag macht den Anbau für ärmere Länder wie Indonesien, wo die Ölpalme gute Bedingungen zum Wachsen vorfindet, lukrativ. Für die Plantagen muss dann aber der Regenwald weichen - der Lebensraum vieler Tiere wie zum Beispiel des Orang-Utans.

Diese Affen sind mit ihren langen Armen perfekt auf das Leben in den Baumkronen des Regenwaldes angepasst. Aber die Zerstörung dieses Lebensraumes schreitet immer weiter voran: durch Buschrodungen und darauffolgende

Plantagenanlagen. Die Orang-Utans stören die Farmer da nur, sie werden deshalb oft erschossen. Viele Jungtiere, die dadurch ihre Mutter verlieren, bleiben danach als Waisen zurück und sind ohne Hilfe nicht überlebensfähig. Ein Schicksal, das mir und jedem Tierfreund sehr nahegeht. Sorge bereitet auch die Abholzung des Amazonas-Regenwaldes in Brasilien, die sich stark auswirkt und zur Klimaveränderung beiträgt. Hinzu kommt, dass in den Regenwäldern Millionen von Tier- und Pflanzenarten leben, die bis heute nicht erforscht wurden. Wer die Wälder zerstört, vernichtet damit beispielsweise auch die Pflanzen, deren Wirkstoffe vielleicht gegen Krebs, Rheuma und andere Krankheiten helfen könnten. Erkennbar sind aus dem Flugzeug auch die schmelzenden Polkappen in Arktis und Antarktis. Durch den Klimawandel schmilzt das „Ewige Eis". Die Polarregionen bekommen die Gegenwart der Menschheit besonders zu spüren. Die einst große Kolonie von Königspinguinen ist in den vergangenen 35 Jahren um 88 Prozent geschrumpft. Auch die Eisbären werden langfristig weitgehend verschwinden. Die Liste lässt sich fortsetzen. Ich glaube, wir sollten öfter in Gedanken über die Erde fliegen. Aus der Distanz betrachtet, lässt sich nicht nur das Verhalten anderer, sondern auch das eigene Leben eher hinterfragen. Mit einem Abstand sehen viele Dinge anders aus, als wenn man direkt mit ihnen zu tun hat. Welche Folgen sich aus unserem Tun ergeben, das lässt sich oft besser aus der Entfernung erkennen. Und auch welche Verantwortung wir tragen und wo wir uns mehr einbringen sollten. Schauen wir aus der Höhe auf unser Leben, wird vieles eine andere Wertigkeit erhalten, als wir ihm bislang zugestehen.

Rot und prächtig leuchten die Äpfel

Die Apfelernte kann beginnen. Rot und prächtig leuchten die saftigen Früchte inmitten des grünen Laubes. Die Äste drohen unter ihrer Last zu brechen, das „liebste Obst der Deutschen" muss nun schnell gepflückt und verarbeitet werden. Das Jahr über hat der von mir und meinen Enkeln besuchte Hobbygärtner die Bäume gehegt und gepflegt, sie vorsichtig zurückgeschnitten und mit einem Kalkanstrich gegen drohende Schädlinge versehen. Und nun endlich ist die Zeit der Ernte gekommen. Jetzt zwischen September und Oktober sind die Herbstäpfel pflückreif. Bekannte Klassiker wie Jonagold, Boskop oder Elstar, die am häufigsten angebaute Apfelsorte in Deutschland, zählen dazu. Cox Orange, Gloster und Borsdofer gehören zu den Wintersorten und können bis November am Baum hängen bleiben. Letztere erreichen ihre volle Genussreife erst durch eine fachgerechte Lagerung, das heißt sie werden sorgfältig in Holzstiegen verpackt und mindestens zwei Monate an einem kühlen Ort aufbewahrt, damit sich ihre Fruchtsäure etwas abbaut und sie ihren Geschmack entfalten. Bei richtiger Lagerung können sie dann auch im Februar noch gegessen werden. Der Geschmack des Obstes hängt oft vom Erntezeitpunkt ab. Ein zu früh gepflückter Apfel fängt schneller an zu schrumpeln und ist meist keine Gaumenfreude, zu spät geerntete Früchte faulen bereits nach kurzer Zeit und haben einen mehligen

Geschmack. Der erfahrene Obstbauer kennt die jeweiligen Reifezeiten. Unser Hobbygärtner steigt bei unserem Besuch mit einem Holzkorb auf seine Leiter, um die Äpfel vorsichtig abzupflücken, bevor sie vielleicht vom Baum fallen und Druckstellen bekommen, die sie schnell faulen lassen. Es wird einige Zeit dauern, bis alle Früchte gepflückt sind. Einen Teil der Früchte wird der Hobbygärtner sicher einlagern., damit er über den Winter immer mal wieder drangehen und sich mit frischen Vitaminen versorgen kann, von denen viele in einem Apfel enthalten sind. Gewiss wird er aber auch einen Teil der Ernte verarbeiten. Selbst eingekochtes Apfelkompott schmeckt um ein Vielfaches besser als das gekaufte und ist zudem gesünder. Und wer den Duft eines frisch gebackenen Apfelstreusels in der Nase hat, wird bestätigen können, dass man von dem noch warmen Gebäck gut und gerne doppelt so viel essen könnte wie sonst. In vielen Küchen spielt der Apfel bekanntlich eine tragende Rolle beim Kochen oder bei der Apfelwein- beziehungsweise Apfelsaftherstellung. Etwa 1600 Apfelsorten sind allein in unseren Breitengraden bekannt, weltweit sind es noch viel mehr. Leider sind durch die neueren Züchtungen viele alte Sorten, wie zum Beispiel der Grafensteiner etwas in Vergessenheit geraten. Es ist gut, dass diese in zahlreichen Hausgärten überlebt haben und Liebhaber sich deren Bewahrung zum Ziel gesetzt haben. Denn auch, wenn sie vielleicht nicht so lange zu lagern sind: Geschmacklich sind die alten Sorten den neueren um einiges voraus. Am allerbesten schmeckt ein Apfel jedoch immer noch, wenn unser Hobbygärtner ihn frisch mit dem Taschenmesser aufschneidet und uns auf der offenen Hand hinhält.

Booksharing

Neben Altpapiercontainern liegen manchmal einige aussortierte Bücher. Den ehemaligen Besitzern tat es wohl leid, sie einfach wegzuschmeißen. Auf diese Art versuchen sie, die Werke noch anderen Bücherfreunden zur Lektüre anzubieten. Ich selbst habe schon das ein oder andere Buch mit nach Hause genommen. Kluge Zeitgenossen haben nun vor einiger Zeit das System der öffentlichen Bücherschränke entwickelt. An meist rund um die Uhr zugänglichen Orten stellen sie Regale, ausgemusterte Telefonzellen, Schränke oder Kisten auf. Jeder kann dort ein Buch hinstellen, das er weitergeben möchte, und einen Band, der ihn anspricht, kostenlos und ohne Anmeldung oder ähnliche bürokratische Hürden mitnehmen. Ob man die Bücher zurückbringt, behält, tauscht oder nicht, entscheidet jeder Nutzer selbst. Booksharing (aus dem Englischen, auf Deutsch in etwa „gemeinsames Nutzen von Büchern"), nennt sich das Prinzip, das erstmals um 2000 in den USA auftauchte.

Ende der 1990er Jahre wurden erste öffentliche Bücherschränke zur Nutzung als „kostenlose Freiluft-Bibliothek" in Darmstadt und Hannover eingerichtet. Abgegeben wird laut einer Studie meist Unterhaltungsliteratur wie Liebesromane und Krimis. Die Bücher stammen vorwiegend aus den 1970er, 1990er und 2000er-Jahren. Es finden sich aber auch Sachbücher und Originalausgaben vom Beginn des 20. Jahrhunderts. Eine breite Mischung, die rege genutzt wird: Ein Drittel bis 90 Prozent wurde jeweils zwischen zwei Erhebungen entnommen und ersetzt. Wertschätzung des Kulturguts Buch sowie Nachhaltigkeit verbinden sich hier auf ideale Weise. Eine Befragung der Benutzer brachte auch hervor, dass diese Idee ausgedehnt werden kann auf andere Dinge, die man selbst nicht mehr braucht, die aber noch gute Dienste leisten.

Herbstanfang

LOB UND TADEL FÜR EINE JAHRESZEIT

Jetzt kommt der Herbst mit Macht. Die Zeichen stehen auf Melancholie und dunklere Zeiten. Herbstanfang: Lob und Tadel für eine Jahreszeit. Da sind sie wieder: Neben Weintrauben, Nüssen, Zwetschgen und Federweißem stapeln sich in vielen Supermärkten schon Dominosteine, Printen und Christstollen in den Regalen. Die Tage werden kürzer, die Temperaturen deutlich kühler, auch wenn der Sommer sich noch einmal aufbäumen mag. Zeit für fallende Blätter, grauen Nebel und den Herbst-Blues.
Am Herbstanfang ist Tagundnachtgleiche, und der Zenit der Sonne überquert die Linie des Äquators in Richtung Südhalbkugel. Dunkle Tage, trübe Stimmung - damit haben dann viele Menschen zu kämpfen. In Umfragen rangiert die Jahreszeit bei den Deutschen in der Beliebtheitsskala weit hinter Frühling und Sommer. Der Herbst steht gelegentlich für Ernte und Fülle, meist aber für Vergänglichkeit und Melancholie. Begriffe wie „Herbst des Lebens",

„Herbst des Mittelalters" oder Buchtitel wie „Der Herbst des Patriarchen" (= ein 1975 erschienener Roman von dem kolumbianischen Schriftsteller und Literaturnobelpreisträger Gabriel Garcia Marquez (1927 - 2014) zeigen das. Der November lässt grüßen. „Wenn die Tage wieder kürzer werden steigt die Lust auf Süßigkeiten und Kohlenhydrate", warnen pünktlich zum Start der kalten Jahreszeit allerhand Lebensführungsmagazine. Wenn wir weniger Tageslicht abbekommen, schüttet unser Körper verstärkt Schlafhormone aus, weswegen wir müde und schläfrig werden, während gleichzeitig die Spannungen der Blutgefäße so verändert werden, dass wir weniger gute Laune haben. In der Dämmerung morgens zur Arbeit, in der Dunkelheit abends nach Hause - das einzige Licht geben die Neonröhren im Büro oder in der Werkstatt ab. Da hilft nur, ein Gegenprogramm zu starten: Knisterndes Kaminfeuer, Waldspaziergänge, Abende mit Käsefondue und Feuerzangenbowle oder Nachmittage mit Tee, Pflaumenkuchen und einem guten Buch. Nicht umsonst kommen die meisten Bücher im Herbst auf den Markt, die dann oft auf der alljährlich in Frankfurt im Oktober stattfindenden Internationalen Buchmesse zu finden sind.

Zeit ist jetzt auch für die Erntedank- und Oktoberfeste: Schließlich geht der „Begriff „Herbst" auf das germanische Wort „harbista" zurück, das „Erntezeit" bedeutet und beispielsweise auch im englischen Wort „harvest" Ernte erscheint. In früheren Zeiten begleiteten zahlreiche Bräuche den Abschluss der Ernte, etwa das gemeinsame Gebet vor Arbeitsbeginn, das Schmücken des letzten Erntewagens oder ein gemeinsames Festessen mit Musik und Tanz nach dem Ende der Feldarbeit. Manches davon setzt sich bis heute in regionalen Bräuchen fort, die auch noch im Odenwald anzutreffen sind.

„Wer jetzt kein Haus hat, baut sich keines mehr"„ heißt es im Gedicht „Herbsttag" von dem Lyriker Rainer Maria Rilke (1875 - 1926), das die zwei Seiten dieser Jahreszeit beschreibt: einerseits die Fülle und Vollendung, die letzte Süße im schweren Wein. Und andererseits die Einsamkeit und das unruhige Wandern, „wenn die Blätter treiben".

Der Schriftsteller Kurt Tucholsky (1890 - 1935) hasste den Herbst - und sah doch noch eine kurze fünfte Jahresperiode zwischen dem schwächelnden Sommer und der dunklen Jahreszeit. „Hier ist nichts mehr zu holen", so schrieb er im Oktober 1929 in der „Weltbühne" (= eine deutsche Wochenzeitschrift). Die Sonne geht zur Kur. Doch dann wendet sich Kurt Tucholsky diesen eigentümlichen wenigen Tagen zwischen Nicht-mehr-Sommer und Noch-nicht-Herbst zu - „wenn sich die Natur niederlegt, wie ein ganz altes Pferd, das sich im Stall hinlegt, so müde ist es". Die Natur hält den Atem an: „Nun ist alles vorüber: geboren ist, gereift ist, gewachsen ist, gelaicht ist, geerntet ist - nun ist es vorüber. „Das Räderwerk steht still."

Wie schön wäre es, wenn man den Sommer im Kopf speichern könnte- so wie es ein Johann Wolfgang von Goethe (1749 - 1832) zugeschriebenes Gedicht formuliert: „Auch das ist Kunst, ist Gottes Gabe, aus ein paar sonnenhellen Tagen sich so viel Licht ins Herz zu tragen, dass, wenn der Sommer längst verweht, das Leuchten immer noch besteht."

Bratkartoffelverhältnis

REDEWENDUNGEN AUS DER KÜCHE

Warum kommen wir in Teufels Küche, wenn der Bissen im Halse stecken bleibt und jeder seinen Senf dazugeben muss? Vielleicht haben Sie den Braten gerochen. Viele Redensarten kommen aus der Küche. Im Mittelalter (476 - 1492), als man Currywurst noch nicht in der Plastikschale kaufen konnte, aber auch noch in der Nachkriegszeit (nach 1945) war die Küche der zentrale Ort im Haus. Hier trafen sich alle Bewohner, um sich nach dem Abendessen Geschichten zu erzählen. Um farbig und lebendig zu beschreiben, verwenden wir Sprachbilder, und was liegt näher, als auf jene Bilder zurückzugreifen, die man vor Augen hat? In Teufels Küche kommt, wer aufgrund eigenen Verhaltens in große Schwierigkeiten gerät. Das galt früher als Sünde, und wer sündigt, kommt in die Hölle. Nichts anderes ist des Teufels Küche, wo man überm offenen Feuer gebraten wird. Wem der Bissen im Hals stecken bleibt, der verstummt vor Schreck. Wie die Verurteilten bei den alten Germanen, die ein trockenes Stück Brot ohne Wasser runterwürgen mussten. Blieb es stecken und der Verurteilte erstickte, galt dies als Gottesurteil. Der Senf ist Teil eines Tricks: Wenn sich jemand ungefragt in ein Gespräch einmischt und seine Meinung äußert, dann sagen wir dazu gerne auch „er gibt seinen Senf dazu ab". Die Redewendung stammt aus der Barockzeit (aus dem 17. Jahrhundert). Damals galt Senf als etwas sehr Wertvolles. Wenn bei einer Mahlzeit Senf dabei war, dann dachten die Gäste, es sei ein besonderes Essen. Deshalb wandten manche Wirte einen Trick an: Sie gaben zu jedem Essen (selbst bei Eierpfannkuchen), das jemand in ihrer Wirtschaft bestellte, auch ein wenig Senf dazu. So sollte das Mahl kostbar wirken. Das Problem war nur, dass Senf nicht zu jedem Essen passt. So wie der Senf ungefragt zum Essen serviert wurde, tun manchmal auch Menschen ihre Meinung kund, ohne dass die jemand hören möchte. Deshalb nennt man das „seinen Senf dazu geben". Wenn man etwas Unangenehmes tun muss, muss man „in den sauren Apfel beißen". Die erste Erwähnung dieser Redewendung beziehungsweise dieses Bildes findet sich bei Dr. Martin Luther (1483 - 1546), aber man kann davon ausgehen, dass es sich hierbei um eine wesentlich ältere Redewendung handelt. Wer sich für eine lose Liebesbeziehung entscheidet, hat ein Bratkartoffelverhältnis. Der Begriff entstand vermutlich im Ersten Weltkrieg (1914 - 1918) für aus der Not geborene Zweckbeziehungen, bei denen es einigen Männern vor allem um die regelmäßige Versorgung mit warmen Mahlzeiten ging und eine Heirat von ihrer Seite aus nicht geplant war. Besonders populär wurde der Begriff nach dem Zweiten Weltkrieg (nach 1945) bei Beziehungen zwischen heimkehrenden Soldaten und Kriegerwitwen, deren Männer im Krieg gefallen sind. Heute wird der Begriff nur noch scherzhaft für nicht sehr ernsthafte oder sporadische Liebschaften verwendet, manchmal auch im übertragenen Sinn für gelegentliche, freundliche Kooperationen in anderen Lebensbereichen. Der Braten, den man riecht, wenn man frühzeitig auf etwas aufmerksam wird, geht auf eine Fabel (= kürzere Erzählung mit belehrender Absicht) zurück: Ein Bauer lädt Tiere zum Essen ein. Nur dem schlauen Fuchs dämmert, wie das gemeint ist. Als ihm der Geruch eines

gebratenen Artgenossen in die Nase steigt, nimmt er Reiß-
aus. Er hatte den Braten gerochen. Das ist die offizielle
Erklärung. Meine lautet: Mein Leihhund ist für den
Spruch verantwortlich. Sobald meine Frau am Herd steht,
kommt er angewackelt und weicht ihr nicht mehr
von der Stelle, in der Hoffnung, es könnte etwas für ihn
abfallen. Kein Zweifel: Er hat den Braten gerochen.

Allerheiligen

Der Pfarrer segnet auf dem
Friedhof die geschmückten
Gräber und besprengt sie
mit Weihwasser. Für
Christen ist dieses Toten-
gedenken von gläubiger
Auferstehungshoffnung
getragen. Allerheiligen ist
aber nicht nur ein Tag des
Totengedächtnisses, son-
dern man feiert vor allem
das neue Leben, in das die
Heiligen gelangt sind und das allen Menschen, die an die
Botschaft des Evangeliums glauben, verheißen ist.

Kircheneinblicke 3

SANKT MARTIN

Der heilige Martin (um 316 im heutigen Ungarn geboren, gestorben im Jahr 397) gehört zu den volkstümlichen Heiligen. Zahlreiche Kirchen, Klöster und Einrichtungen sind nach ihm benannt, viele Bräuche mit seinem Namen verbunden. Seit dem 16. Jahrhundert finden am Vorabend des Martinstages (11. November) Laternenumzüge statt. Sie erinnern an den beim Volk so beliebten Bischof Martin und seinen vielen guten Taten. Im Mittelpunkt vieler Martinsumzüge steht wie in der Pfarrgruppe Otzberg das Spiel um die Mantelteilung. Der Legende nach hat Martin einst als Soldat seinen Mantel mit dem Schwert in zwei Stücken gehauen und mit einem armen, frierenden Bettler geteilt. Sulpicius Severus (363 - 420), ein Freund und Bewunderer Martins, hat als erster - noch zu Lebzeiten des Heiligen - darüber berichtet. Einmal, er besaß schon nichts mehr als seine Waffen und ein einziges Soldatengewand, da begegnete ihm im Winter, der ungewöhnlich rau war, so dass viele der eisigen Kälte erlagen, am Stadttor von Amiens ein notdürftig bekleideter Armer. Der flehte die Vorübergehenden um Erbarmen an. Aber alle gingen an dem Unglücklichen vorbei. Da erkannte der Mann voll des Geistes Gottes, dass jener für ihn vorbehalten sei, weil die anderen kein Erbarmen übten. Doch was tun? Er trug nichts als den Soldatenmantel, den er sich umgeworfen, alles Übrige hatte er ja für ähnliche Zwecke schon gespendet. Er zog also das Schwert, mit dem er umgürtet war, schnitt den Mantel mitten durch und gab die eine Hälfte dem Armen, die andere legte er sich selbst wieder um. Da fingen manche der Umstehenden an zu lachen, weil er ihnen im halben Mantel verunstaltet vorkam. Viele aber, die mehr Einsicht besaßen, seufzten tief, dass sie es ihm nicht gleichgetan und den Armen nicht bekleidet hatten, zumal da sie bei ihrem Reichtum keine Blöße befürchten mussten. In der folgenden Nacht nun erschien Christus mit jenem Mantelstück, womit der Heilige den Armen bekleidet hatte, dem Martin im Schlafe. Er wurde aufgefordert, den Herrn genau zu betrachten und das Gewand, das er verschenkt hatte., wieder zu erkennen. Dann hörte er Jesus laut zu der Engelschar, die ihn umgab, sagen: „Martinus hat mich mit diesem Mantel bekleidet."

Das Bild zeigt das Martinsdenkmal auf dem Marktplatz des kleinen Städtchens Amöneburg bei Marburg, wo der hl. Bonifatius 721 ein Kloster gründete.

Eine Gans als Steuer

Noch vor 50 Jahren kannte man in Hering das Martins-gans-Essen nicht. Aber auch in anderen Regionen war es unbekannt oder in Vergessenheit geraten. Heute ist das Martinsgansessen weit verbreitet. Gern wird erzählt, dass es seinen Ursprung in einer Legende über das Leben des heiligen Martin habe: Entgegen seinem eigenen Willen und trotz Vorbehalts des Klerus drängte das Volk von Tours (Frankreich) darauf, Martin zum Bischof zu weihen. Asketisch und bescheiden, wie er sein Leben führte, hielt er sich unwürdig für solch eine große Verantwortung und deshalb habe er sich in einem Gänsestall versteckt. Die Gänse jedoch hätten so aufgeregt geschnattert, dass Martin gefunden wurde und geweiht werden konnte.

Viel wahrscheinlicher ist der Umstand, dass in Zeiten des Lehnwesens eine am Martinstag (11. November) fällige Lehnspflicht, eine Abgabe namens Martinschoß, der Ursprung war. Da diese häufig aus einer Gans bestand, bildete sich die Bezeichnung Martinsgans heraus. Traditionell wird die Gans mit Rotkohl und Semmelknödeln oder Kartoffelklößen gegessen.

Wer kein Bier hat, hat nichts zu trinken!

DR. MARTIN LUTHER UND DER GERSTENSAFT

Wer kein Bier hat, hat nichts zu trinken! Dieser Ausspruch wird Dr. Martin Luther (1483 - 1546) zugeschrieben, der als Zeuge für nahezu alles herhalten muss.
Sicher aber ist, dass Dr. Martin Luther gerne und reichlich Bier getrunken hat. Denn zu seiner Zeit war das „Konfent", ein dünnes Bier mit nur sehr wenig Alkohol, das gebräuchlichste Getränk. Das war vor allem deshalb so, weil es durch das Aufkochen im Herstellungsprozess keimfreier war als das verschmutzte Wasser aus den öffentlichen Brunnen.
Das alltägliche Bier wurde im Hause Luther selbst gebraut. Als Hausbesitzer und damit Bürger der Stadt Wittenberg besaß Dr. Martin Luther nämlich das Braurecht. Und wie für nahezu alles in seinem Haushalt war auch dafür seine Frau Katharina (1499 - 1552) verantwortlich. Da der Haushalt sehr groß war, mit Personal und den Studenten, die zur Miete im ehemaligen Augustinerkloster wohnten, über 40 Personen, wurde aber auch Bier zugekauft. Neben 300 Gulden für Fleisch gab man jährlich 200 Gulden für Bier aus. Das ist nicht wenig Geld für den Durst: Für diesen Betrag konnte man damals auch eine Herde von 60 Rindern kaufen.
Dafür erwarb Frau Luther dann aber auch die besseren Sorten, das zu der Zeit sehr geschätzte Lüb´sche Bier (also aus Lübeck) und vor allem das Ainpöckisch Bier (aus

171

Einbeck). Da diese Biere über weite Wege durch Europa transportiert wurden, hatten sie der Haltbarkeit wegen einen deutlich höheren Alkoholgehalt. So ist das Ainpöckisch Bier die Mutter unserer Bockbiere. Ainpöckisch Bier war im Hause Luther das Getränk für wichtige Lebensereignisse. So erzählt die Legende von seinem Auftritt auf dem Reichstag in Worms: Nachdem Dr. Martin Luther seine Thesen vor dem Kaiser nicht widerrufen hat, verlässt er den Saal im Bischofspalast und seufzt erleichtert: „Ich bin hindurch." Darauf reicht ihm der Herzog von Braunschweig eine silberne Kanne Ainpöckischen Bieres zur Stärkung. Worauf Dr. Martin Luther gesagt haben soll: „Der beste Trunk, den einer kennt, wird Ainpöckisch Bier genennt:" (Eine Geschichte, die auch für die hohe Qualität des Einbecker Marketings spricht.) Auch zu Dr. Martin Luthers Hochzeit mit Katharina von Bora gab es - finanziert vom Rat der Stadt Wittenberg - Ainpöckisch Bier.

Wein kam übrigens für die einfache Bevölkerung nicht in Frage. Er war dem Adel vorbehalten, nicht überall verfügbar und in der Regel auch viel zu teuer.

Gegen den Missbrauch des Alkohols hat Dr. Martin Luther allerdings sein Leben lang gekämpft. Denn er wusste, „dass das Saufen in unserem Lande eine Art Pest ist, welche durch Gottes Zorn über uns geschickt ist." Doch so genau er die Folgen der Trinkerei kannte und vor ihnen warnte, so klar sah er die Verantwortung des Einzelnen für sein Verhalten. Und ist hier mit seiner Idee von der Freiheit des Menschen auch im Alltäglichen der Reformator Dr. Martin Luther: „Keine Speise, kein Trank, keine Farbe, kein Kleid, keine besonderen Tage, keine Gebärde ist verboten noch festgelegt, sondern alles, ist frei für jedermann, nur dass man sich nüchtern und mäßig darin halte. Nicht diese Dinge, sondern die Unordnung, der Überfluss, der Missbrauch ist verboten.

November ist der Totenmonat

Der November gilt als Totenmonat. Allerdings hält sich der Tod an keine kalendarischen Vorgaben. Er gehört das ganze Jahr zum Leben. Auch wenn wir dies gern verdrängen - wovon in Traueranzeigen die Botschaft „plötzlich und unerwartet" kündet. Manchmal schleudert ein fettgedrucktes „Warum?" emotionale Aufruhr entgegen. Denn wieder signalisiert ein versöhnliches „Erlöst!" das Ende eines Kampfes oder Dahindämmerns. Weil es schwerfällt, das Unsagbare anzusprechen, tauchen in Anzeigen mit schwarzer Umrandung vorzugsweise wunderbar formulierte Verse aus Literatur und Bibel auf. Es sind freilich die ganz persönlichen (auch unbeholfenen) Sätze, die weit die Seele aufspannen und berühren: Ein „danke für 63 gemeinsame Jahre" liest sich wie Liebespoesie. „Ihr Glas war immer dreiviertel voll..." atmet unerschütterlichen Optimismus. „Er hat noch Blumenzwiebeln gesteckt in seinem wunderbaren Garten und sieht sie nicht mehr blühen", erzählt davon, dass ein hochbetagter Mann bis zum Schluss Freude am Werden des Lebens hatte. „Wir dachten, wir hätten noch so viel Zeit..." erinnert daran, dass wir allzu leicht versäumen, das heute als Gestern von morgen bewusst zu nutzen. So manch eine Todesanzeige bleibt im Gedächtnis: Beispielsweise jene für zwei Menschen, die im gleichen Jahr das Licht der Welt erblickten, eines Tages zusammenfanden und fortan zusammenblieben - bis die

Frau im hohen Alter starb und ihr der Ehemann einen Tag später folgte. „Zwei Herzen haben aufgehört zu schlagen" teilte die Familie mit.

Im November besuchen wir die Friedhöfe

MIT DEM TOD IST DAS LEBEN NICHT ZU ENDE

Der nun zu Ende gehende Monat November berührt die meisten von uns emotional noch einmal sehr. Die Tage sind grau und der Zauber des nahenden Weihnachtsfestes ist für viele noch nicht spürbar. Zu frisch sind noch die Schmerzen von Verlusten, die wir in diesem Jahr zu beklagen hatten, zu sehr wird mancher liebe Mensch, der von uns gegangen ist, auch noch nach Jahren vermisst.
Der November ist traditionell der Monat, in dem wir die Friedhöfe aufsuchen und unserer Verstorbenen gedenken. Vor allem am letzten Sonntag, der vom Volksmund den Namen „Totensonntag" bekommen hat. Eigentlich bezeichnet dieser Name eine evangelische Tradition des 19. Jahrhunderts, als der preußische König Friedrich Wilhelm III. (1770 - 1840) einen Erinnerungstag für die Toten einführte. Aber auch viele Katholiken gehen an diesem Sonntag - nach Allerheiligen und Allerseelen - noch einmal auf den Friedhof. Obwohl in der katholischen Kirche der Sonntag vor dem ersten Advent das Fest „Christkönig" gefeiert wird - die Königsherrschaft Gottes.
Die evangelische Kirche in Deutschland nennt diesen Tag „Ewigkeitssonntag", und verschiebt seine Bedeutung weg von den Toten hin zum ewigen Leben. Denn dort liegt

schließlich der Kern unseres christlichen Glaubens.: Mit dem Tod endet nur das irdische Leben, aber der Tod ist nicht das Ende. Wir Christen glauben an die Auferstehung, unsere große Hoffnung ist, dass der Tod nicht das letzte Wort hat.

Bevor wir uns mit dem Advent am kommenden Sonntag auf die Geburt Jesu vorbereiten, - und den Zauber und Glanz von Weihnachten spüren - ist es vielen ein Bedürfnis, sich ihrer Vergangenheit zu vergewissern. Die toten Freunde und Familienangehörigen in Erinnerung zu halten und ihr Andenken zu pflegen, ist sicherlich oft schmerzhaft. Aber wir leben in der Gewissheit, dass mit dem Tod das Leben nicht zu Ende ist.

Der Friedhof als Geschichtsbuch: Als letzte Ruhestätte für die Toten ist der Friedhof ein Zufluchtsort für die Lebenden. Ein Ort, der uns in unserer hektischen Zeit Raum und Ruhe zur Besinnung gibt. Ein Friedhof ist aber auch ein begehbares Geschichtsbuch, wenn man es richtig aufzublättern weiß. Der Name „Friedhof" geht übrigens nicht auf das Wort „Frieden", sondern auf die alt- und mittelhochdeutschen Wörter „frithof" oder „vrithof" zurück, was für „umfriedeter Platz" steht

Im Angesicht des Todes

Wir, die wir das Sterben weit von uns schieben, werden im November allein schon kalendarisch auf das Unvermeidliche hingewiesen. Grauer Novemberhimmel, abgestorbene Blätter und die Aussicht, auf einen langen Winter machen den „Totenmonat" nicht gerade zum Liebling im Jahreskreis. Auch der goldigste Oktober hat sich definitiv verabschiedet, so viel steht fest: „Wer jetzt kein Haus hat, baut sich keines mehr." Auf Rainer Maria Rilke (1875 - 1926) und konfessionelle Unterschiede wollen wir hier dennoch verzichten.

In allen Kulturen und Religionen nehmen Bestattungswesen und Totengedenken einen wichtigen Platz ein und haben identitätsstiftenden Anteil am Zusammenleben einer menschlichen Gemeinschaft. Das war schon immer so, noch heute lernen wir über Begräbniskult und Grabbeigaben ferne, vielleicht längst ausgelöschte Volksstämme kennen. Aus ihrem Umgang mit dem Tod erfahren wir etwas über ihr Leben, ihre Kunst, ihre Ängste und Hoffnungen. Ägyptische Pyramide, klösterliches Beinhaus, Domkrypta und Fürstengruft dürfen auf keiner Kulturreise fehlen. Das ist lange her und weit weg, doch wie sieht es zu Hause aus?

Kaufen wir Omas Grab noch einmal neu an? Schicken wir einen Kranz? Verfügen wir testamentarisch, wie unser eigener, am Ende doch sicherer Abschied aussehen soll? Besprechen wir letzte Dinge mit unseren Angehörigen und Freunden? Viele verdrängen es, einige lassen kostengünstigen Pragmatismus walten, andere halten es mit der Tradition.

Ein Blick auf Traueranzeigen und Friedhöfe beweist: Unsere Trauerkultur hat sich verändert. „E schäij Leisch", also eine kostspielige, auf Würde und Repräsentation ausgerichtete Leichenfeier, scheint nur noch wenigen erstrebenswert. Immer häufiger bittet man von Trauerbekundungen Abstand zu nehmen, verbittet sich schwarze Kleidung, statt Blumen wünscht man die Spende für den guten Zweck, Popsongs, Fußbälle und freie Trauerredner scheinen dem heutigen Menschen oft näher als gewohnte Rituale, der letzte Gang soll dem verstorbenen Menschen nicht einem diffusen „wie es sich gehört" gerecht werden. „Keine Last" will man den Hinterbliebenen zurücklassen, beigesetzt wird „in aller Stille", bewusst anonym oder naturnah im Friedwald oder Friedpark. Vielleicht weil man selbst jahrzehntelang für zwei Familienzweige Großtanten- und Urgroßvatergräber pflegte und bezahlte. Gießen, pflanzen, schneiden, ankaufen Jahr ein, Jahr aus, vielleicht gar für Menschen, die man persönlich nur noch dem Namen nach und aus Erzählungen kennt.

Warum lehnen wir überlieferte Rituale zunehmend ab? Familiäre Kleinkriege um Grabpflege, der Ausdruck vom „Geschäft mit dem Tod" und die Redensart, dass nirgends so viel gelogen wird wie auf dem „Kirchhof", haben sicher dazu beigetragen. Der moderne Mensch ist aber auch - zumindest in privaten Dingen - selbstbestimmter geworden, auch dies ist eine Kulturleistung. Wo beruflicher und finanzieller Druck zunehmen, nimmt der Wunsch nach Unabhängigkeit im Höchstpersönlichen zu. Kirchenaustritte, Scheidungsrate, Patchworkfamilien - aber auch Friedhöfe belegen dies. Und spiegeln die Kultur einer sich verändernden Gesellschaft wider.

Wer einen Menschen verloren hat, kennt es. Neben Schock, Trauer und Hilflosigkeit tritt schnell und verbindlich rege Geschäftigkeit: Bestattungsunternehmer, Gemeindeverwaltung (Friedhofsamt), Pfarramt, Gärtnerei... Das ist schrecklich, kann aber auch tröstlich sein. Das Leben wird vorwärts gelebt und rückwärts verstanden, und die dort geführten Gespräche bieten Chancen, dem Unfassbaren den Schrecken zu nehmen und Wunsch und Leben des Verstorbenen gerecht zu werden. Trauer findet weiterhin im Herzen statt. Würde beinhaltet dagegen durchaus einen Aspekt der Äußerlichkeit, den jeder nach seiner Einstellung ablehnen, aber eben auch annehmen darf. Wer etwa den mit alten Bäumen bestandenen Ehrenfriedhof in Hering besucht, wird mit Barockdichter Matthias Claudius (1740 - 1815) spüren: „ Wie ein Blatt vom Baume fällt, so fällt der Mensch aus der Welt. Die Vögel singen weiter."

Hirsche im Herbst

OHRENBETÄUBENDER GRÖLWETTBEWERB

Es röhrt wieder im Odenwald: Die Zeit ist gekommen, in der jeder Hirsch zeigen will, dass er der beste und stärkste des ganzen Waldes ist. Im Herbst beginnt nämlich die Paarungszeit der Wildtiere, und da kann es zwischen den Bäumen richtig laut werden, da die männlichen Tiere durch

Brunftrufe auf sich aufmerksam machen wollen. Diese klingen wie ein röhrendes Grölen. Die Hirsche röhren für die „Damenwelt" und treffen sich dann auf einem Brunftplatz. Dann beginnt unter den Hirschen ein Gröl-Wettbewerb. Umso ohrenbetäubender, desto besser. Das macht Eindruck auf die Hirschkühe. Außerdem stolzieren die Hirsche auf und ab und zeigen ihre stattlichen Geweihe und ihren Körper. Ist nach diesen Prozeduren noch kein Hirsch der Sieger, wird gekämpft. Die Tiere rasen aufeinander zu und versuchen sich mit ihren ineinander verhakten Geweihen wegzuschieben. Beendet wird der Kampf vom flüchtenden, unterlegenen Tier. Der Gewinner ist der Platzhirsch, der sich mit allen Hirschkühen paaren darf. Die Brunft ist sehr anstrengend für die Hirsche. Sie fressen in dieser Zeit nichts und nehmen stark ab. Wer Glück hat, kann dieses Schauspiel noch in den nächsten Wochen hautnah miterleben. Ein einfacher Waldspaziergang im südlichen Odenwald kann da zu einem Spektakel werden.

Der Adventskranz

EINE LEUCHTENDE TRADITION VOR WEIHNACHTEN

So mancher wird sich am kommenden Sonntag beim Entzünden der ersten Kerze am Adventskranz darüber wundern, wie schnell ein Jahr ins Land gezogen ist und dass das Fest der Liebe schon wieder vor der Tür steht. Trotzdem ist das Entzünden Jahr für Jahr ein besonderer Moment, der dazu einlädt, kurz innezuhalten und etwas Abstand von der Hektik in der Vorweihnachtszeit zu nehmen.

Der Adventskranz ist Teil einer schönen Tradition, die gerne gepflegt wird, vielleicht auch deshalb, weil sie ein Stück Kindheit zurückholt. Sicher ist es in vielen Familien Brauch, sich an den vier Adventssonntagen um den Adventskranz zu versammeln, um gemeinsam etwas Zeit zu verbringen. So werden nicht nur Kerze für Kerze entzündet, sondern vielleicht auch Weihnachtslieder gesungen, Geschichten vorgelesen oder die ersten Plätzchen gegessen. Ein besinnlicher Moment, der rar geworden ist. Doch woher stammt eigentlich der Brauch? Der wohl erste Adventskranz soll im Jahr 1839 von dem evangelisch-lutherischen Theologen und Erzieher Johann Heinrich Wichern (1808 - 1881) eingeführt worden sein. Einige Jahre zuvor hatte er sich Kindern aus ärmlichen Verhältnissen angenommen und zog mit ihnen in ein altes Bauernhaus in Hamburg. Wie alle Kinder konnten sie es nicht abwarten, bis endlich Weihnachten ist. So funktionierte Johann Heinrich Wichern ein altes Wagenrad und einen Holzkranz um und steckte 20 kleine rote und vier große weiße Kerzen darauf. Während der Andachten durften die Kinder Tag für Tag eine rote Kerze anzünden, an den Adventssonntagen zusätzlich eine weiße. Damit wurden die Tage bis Heiligabend greifbarer - und eine schöne Tradition nahm ihren Anfang.

Alle Jahre wieder kommt der Nikolaus

DER BERÜHMTE HEILIGE IST ZUM GESCHENKEBRINGER UND PÄDAGOGISCHEN ZEIGEFINGER MUTIERT

Alle Jahre wieder! Trotz Konsumwahn, Stress und süßlicher Dauerberieselung im Supermarkt: Wir lieben Weihnachten! Zur festen Größe christlich geprägter Kulturen gehört in der ersten Adventszeit das Nikolausfest. Ein wohliger Rückfall in ein rot-goldenes Kinderparadies, wo Güte und Gerechtigkeit gelten und - oftmals auch unverdient - Geschenke verteilt werden. Dieses Glücksgefühl seliger Kindheitserinnerung hat seinen Namen: Sankt Nikolaus. Nur Kinder müssen unter größter elterlicher Verschwörung an ihn glauben, und das über die Konfessionen hinweg, denn selbst Protestanten haben mit diesem Heiligenkult erstaunlicherweise keine Probleme. Den meisten Menschen ist die historische Figur gleichgültig, gilt die religiöse Idee als überholt, und der gute Mann wurde längst auf das Erkennungszeichen der Vorweihnachtszeit reduziert. Nikolaus ist zum Maskottchen gemütlicher Adventsnachmittage, zum Geschenkebringer, pädagogischen Zeigefinger, ja manchmal auch zum „Kinderschreck" mutiert, auf jeden Fall aber wie wir Älteren meinen, ein sentimentales Relikt aus alter Zeit geworden, als die Welt angeblich noch in Ordnung war.

Kitsch und Inbrunst

Doch immerhin kann der fromme Mann auf 1500 Jahre Nikolaustradition zurückblicken und hat fromme Inbrunst, legendäre Übersetzung, kitschige Verniedlichung, geschäftstüchtige Vermarktung und folkloristische Vereinnahmung tapfer überlebt. Pädagogische Instrumentalisierung kann seiner Beliebtheit ebenfalls nichts anhaben und wer genau hinsieht, erkennt hinter den Supermarktregalen, wo seine Schoko-Kollegen alljährlich millionenfach aufmarschieren, ein Stück der Botschaft des alten Bischofs , die sich in diesem Wust des von Legenden umwachsenen Brauchtums erhalten haben. In einem Zeitalter, dessen Schnelllebigkeit immer wieder gescholten wird, im Sog der Moden und ständig wechselnden Trends, ist das eine Bilanz, die sich mehr als nur sehen lassen kann. Der Vater aller Rauschebart-Tradition ist zweifellos Bischof Nikolaus von Myra.

Zwischen 280 und 286 nach Christus wurde der berühmte Heilige geboren und ist am 6. Dezember entweder 345 oder 351 gestorben oder bestattet worden. Ebenso wie der heilige Martin, dessen Gedenktag wir am 11. November feiern, ist Nikolaus einer der ersten Nichtmärtyrer, die als heilig gelten, was bereits auf seinen besonderen Stellenwert hinweist und durch das kirchliche Ehrenprädikat „apostelgleich" bestätigt wird. Es gibt wohl kaum jemanden, der nicht sofort an einen stattlichen Greis in roter Bischofsrobe mit langem, weißem Bart denkt, der am 6. Dezember Familien besucht, die Stiefel der guten Kinder füllt und die schlechten tadelt.

Wart Ihr auch alle brav?

Sein Wissen bezog Nikolaus schon seit Mitte des 9. Jahrhunderts aus dem berühmten „Goldenen Buch". Den

Wandel zum heimischen Einkehrbrauch haben die bösen Buben mühelos überstanden, ein Zeichen dafür, dass auch germanischer und keltischer Aberglaube nicht umzubringen ist. Der heilige Nikolaus wird noch heute von einer Figur begleitet, die als gezähmter Teufel oder dienstverpflichteter Höllengeist deutbar ist. Es ist ein angsteinflößender Geist aus heidnischer Zeit, der dem guten Nikolaus dienen muss, ein Zeichen, dass die Christianisierung auch durch Versprechung der Überwindung böser Geister erfolgreich war. Man darf sich ihn als in Ketten gelegten, geschwärzten Poltergeist vorstellen, zu dessen Ausrüstung meist Rute und Sack gehören. Andere Figuren sind mittelalterliche Allegorien, die menschliche Laster beinhalten, Bären, Esel und Böcke, die Todsünden wie Hoffart, Völlerei und Unzucht verkörperten. Diese Figur steht für die Existenz des Bösen, ist paradoxerweise jedoch für die Bestrafung des Bösen zuständig, da sie sich in der Gewalt des guten Nikolaus befindet. Der damit nun alles verbliebene Gute und auch die Güte auf sich versammelt. Am 6. Dezember ist es so weit. Hoffen auch wir nur das Beste...

Vom Weihrauch zum Parfum

EIN GESCHICHTLICHER STREIFZUG DURCH DIE WELT DES DUFTES

Weihrauch, Myrrhe und Gold fürwahr – die Heiligen Drei Könige ließen sich nicht lumpen. Für die „Sterndeuter aus dem Osten" war das Beste gerade gut genug, um dem neugeborenen Christus in der Krippe zu huldigen. Der Glanz des Goldes und der Wohlgeruch aus der Welt der Pflanzen standen bei den Altvorderen offenbar auf einer Stufe und hoch im Kurs. Wobei die Weisen aus dem Orient nicht die ersten waren, die ihre Duftmarke in der Geschichte setzten. Öle und Essenzen begleiten die Menschheit seit ihren frühesten Tagen. Bereits um 3000 vor Christus gehörten in Mesopotamien (= Land zwischen Euphrat und Tigris) Kosmetika zu der Mitgift von Töchtern aus der Oberschicht. Die alten Ägypter verehrten mit Nefertem einen eigenen Gott des Wohlgeruchs. Die Einsatzmöglichkeiten von aromatischen Substanzen galten als Quelle der Inspiration – inspirieren heißt einhauchen oder einatmen. Mit wohlriechenden Substanzen salbte man Könige und balsamierte Tote ein. Feiner Rauch zog bei Verbrennungen von entsprechend präparierten Tierkadavern in die Höhe – und sollte, so die Hoffnung der Anwesenden, auch deren Gebete schneller Richtung Himmel befördern. „Per fumum" – „durch Rauch"; nichts anderes ist die Wurzel für das moderne Wort Parfüm.

Göttliches und Praktisches flossen für die Menschen in der klassischen Antike (= 5. Und 4. Jahrhundert vor Christus) ineinander über. Mancher Grieche oder Römer brannte ein wahres Feuerwerk der Aromen ab. Über das „Beduftungsritual „eines Gastes im Badehaus heißt es: „er taucht seine Füße und Arme in schwere ägyptische Salben. Kiefer und Brust reibt er mit zähflüssigem Palmöl ein und beide Arme mit einem nach Minze duftenden Auszug, Augenbrauen und Haare mit Majoran, Knie und Nacken mit einer Essenz aus zerstoßenem Thymian."

Im Mittelalter (476 - 1453) waren „Riechäpfel" (= kunstvoll gearbeitetes Schmuckgehäuse in Apfelform zur Aufnahme von kostbarsten Riechstoffen) sehr gefragt. Wo Pest und Cholera wüteten, sollte ein tiefer Zug aus den an einer Halskette hängenden Kugeln schlimme Krankheitserreger verscheuchen. Die Kirchenlehrerin Hildegard von Bingen (1098 – 1179) isolierte unterdessen ätherische Öle aus Rosen- und Lavendelblüten und löste sie in Alkohol auf; Vorläufer der modernen Parfüms.

Normalsterbliche konnten sich derlei nicht leisten. „Um den Ziegengestank unter den Achselhöhlen zu beseitigen, eignet sich vortrefflich das Einreiben der Haut mit getrockneten und zerriebenen Rosenblättern", lautete die Devise in der Epoche des großen Nasenrümpfens, die spätestens ab dem 16. Jahrhundert einsetzte. Baden und Waschen waren verpönt- das Wasser wimmelte von Keimen. Über Frankreichs König Heinrich IV. (1553 – 1610) hieß es, er stinke „wie ein Aas". Er war beileibe nicht allein.

In den Städten „stanken die Straßen nach Mist, es stanken die Hinterhöfe nach Urin, es stanken die Treppenhäuser nach fauligem Holz und nach Rattendreck", schreibt der deutsche Schriftsteller Patrick Süskind (70) in seinem Bestseller „Das Parfüm". Abhilfe schafften Händler und Parfümeure wie die Farinas aus Italien. Sie verstanden sich auf die Kunst, möglichst reinen, geruchsarmen Alkohol zu destillieren. Das wiederum ermöglichte es, nicht nur „schwere Düfte" wie Moschus (= stark riechendes Sekret der männlichen Moschushirsche) einzufangen, sondern auch „leichte" Zitrusnoten wie die der Bergamotte (= Zitruspflanze).

Das von dem italienischen Erfinder Johann Maria Farina (1685 – 1766) in Köln kreierte Eau de Cologne gibt es heute noch, wie der aktuelle Chef des Hauses stolz vermerkt. Schließlich kommen jedes Jahr Hunderte neue Düfte auf den Markt – Longseller wie der aus Köln sind rar. Weihrauch ist in der Branche immer noch gefragt, wie mir ein Experte beteuert. Mit Gold aufwiegen lassen heute aber eher andere Zutaten. „Bei Jasminölen sind sie schnell bei über 4000 Euro das Kilo.

Ein gutes und richtiges Weihnachtsgeschenk wird gesucht

DIE BEDEUTUNG UND KULTUR DES SCHENKENS

Die meisten Menschen hetzen im Advent durch die Einkaufsmeilen oder ordern Päckchen im Internet. Der Grund: ein gutes und richtiges Geschenk wird gesucht - und das in einer Zeit, in der jeder ohnehin gefühlt schon alles hat. Doch woher kommt eigentlich der Schenkdruck? Das Verschenken ist ganz tief im Menschen verwurzelt. Es hat etwas damit zu tun, dass wir Gemeinschaftswesen sind. Schenken ist ein sozialer Kitt und eine uralte Tradition, von unterschiedlichen Zeiten und Kulturen geprägt: mal ein strenges religiöses Ritual, mal eine politische Geste, dann wieder ein ganz individueller Akt. Auf jeden Fall braucht es einen besonderen Rahmen, der das Geben und Nehmen aus dem alltäglichen menschlichen Umgang heraushebt. Was also ist das richtige Geschenk? Diese Frage stellen sich Abermillionen Menschen jedes Jahr. Sinnvoll soll es sein. Der Beschenkte soll sich darüber freuen. Am besten beides.

Es ist immer das gleiche Dilemma - jedes Jahr. So langsam weiß man nicht mehr, was man schenken soll - wir haben doch alles. Laut einer Studie des Einzelhandels gab jeder Deutsche in den letzten zwölf Monaten rund 466 Euro für Präsente aus. Der Gesamtumsatz im Weihnachtsgeschäft belief sich demnach auf 94,3 Milliarden Euro. Vieles wird inzwischen im Internet geordert; das ist bequem, und die

Auswahl ist gigantisch. Allein 12,2 Milliarden Euro wurden voriges Jahr im Weihnachtsgeschäft umgesetzt, so eine Studie des Einzelhandelsverbandes. Doch nur materielles Schenken ist gerade bei Kindern nicht gut. Der eigentliche Sinn des Schenkens darf nicht verloren gehen. Mitunter werden bei Nikolausfeiern viele sinnlose Sachen vom Gabenbringer überreicht. Damit vertun wir die Chance, gerade mit Kindern über die Symbole der Geschenke ins Gespräch zu kommen. Die traditionellen Nikolausgaben - „Apfel, Nuss und Mandelkern" wie es im Gedicht „Knecht Ruprecht" heißt - erzählen vom Teilen und vom heutzutage altmodisch anmutenden Glück im Kleinen, das nicht zwingend etwas Materielles ist. Es muss deshalb beim Schenken auch finanziell eine Grenze geben. Wir sollten uns insbesondere etwas Individuelles überlegen und dabei kreativ sein. Das Persönliche und das Einzigartige ist es, das den Unterschied ausmacht. Zeit ganz bewusst miteinander zu verbringen und Momente zu teilen, ist das Beste. Also sich hinsetzen, über die Person, der man etwas schenken möchte, nachdenken und auch mal mit etwas vermeintlich Schlichtem zufrieden sein. Wer partout keine Ideen hat und Geld schenken möchte, sollte dies wenigstens mit einer persönlichen Note überreichen. Was das Schenken so kompliziert macht, sind die Erwartungen und Annahmen, die unvermeidlich - und prinzipiell unausgesprochen - mitschwingen. Der Schenkende erwartet neben Dank auch eine Würdigung des Geschenks. Der Gebende hofft, dass es einen besonderen Platz bekommt, durchgehend genutzt, liebevoll gepflegt und zur dauerhaften Freude beim Beschenkten führt. Die Würdigung des Geschenks verwechseln manche Schenkenden zudem mit der Wertschätzung ihrer selbst. Aber auch der Nehmende kann Druck aufbauen: wenn er in seinem

Geschenk „liest" und spürt, dass ihn der andere in seinem Innersten ja gar nicht kennt oder annimmt.

Dabei soll Schenken doch einfach sein. Verwurzelt ist die Schenkkultur auch und besonders in der Religion. Das gilt vor allem an Weihnachten. „Weil Gott uns seinen Sohn geschenkt hat, beschenken wir uns auch gegenseitig."

Die Pflanze im Weihnachtsbrauchtum des Odenwalds

VIELES IST SCHON IN VERGESSENHEIT GERATEN

Wie vieles alte weihnachtliche Brauchtum ist schon in Vergessenheit geraten oder hat seinen Sinn verloren. Verfolgen wir einmal die nicht unbedeutenden Spuren der Pflanzenwelt im religiösen Glauben unserer Vorfahren. Selbst in der ältesten Mythologie spielen Pflanzen eine wichtige Rolle. Die Tanne, die in der heutigen Zeit als Weihnachtsbaum unsere Kinder immer wieder erfreut, galt schon bei den Germanen als ein Sinnbild der Hoffnung und Beständigkeit. Sie war sogar dort, wo es keine Eichen gab, der Wohnsitz der Götter, sie galten als gebannt und für gefeit. Als das Christentum eingeführt werden sollte, widersetzten sich die Alten beim Fällen der Tannen. Wie anderorts beim Niederlegen der Donnereichen. Tacitus (35 - 120 n.Chr. berichtet von einem Fest der Tafana, einer Göttin, dass damals Tannenzweige in der Hand getragen wurden. Hiervon wollte man das „Fest des Weihnachtsbaumes" ableiten. Es ist aber mehr der Wunsch, die lichterfüllende Sitte des Weihnachtsbaumes in die alte Zeit zurückzuverlegen. Die erste Erwähnung des Christbaumes finden wir in der „Katechismus-Milch" des Straßburger Professors Dannhausen aus dem 17. Jahrhundert. Goethe fand den Weihnachtsbaum im Hause Theodor Körners Großmutter, Minna Stock, im Jahre 1765. Wer kennt nicht noch die Rute des Weihnachtsmannes, die heute als Schrecken für die Kinder gilt. Früher hatte sie eine andere Bedeutung. Sie galt nicht als Strafe, im Gegenteil, als Lebensrute sollte sie Kraft und Gesundheit spenden. Eine weitaus andere Bedeutung hatte die Mistel, ein uraltes Symbol aus heidnischer Vergangenheit. Eine Pflanze, die allen Unbilden zum Trotz hoch oben in den kahlen Baumwipfeln im Schnee ihrer grünen Blätter sich zeigt, musste schon ein Wunder, musste mit überirdischen Kräften behaftet sein. Schon vor fast 2000 Jahren berichtete der römische Naturforscher Plinius von den Kelten, denen sie die heiligste Pflanze war. Sie galt der Wiederbelebung der Sonnenkraft und als Wahrzeichen der Überwindung. Von ihren Priestern, den Druiden, wurde sie besonders auf Eichen verehrt, da sie hier seltener vorkam als auf anderen Bäumen. Auf einem Wagen gezogen von zwei weißen Stieren, fuhren sie, in weiße Gewänder gekleidet, zu dem heiligen Baum. Hier schnitten sie mit einer goldenen Sichel die Mistel vom Ast. Die Pflanze wurde alsdann in einem weißen Tuche aufgefangen, geweiht und als Abwehrzauber an das Volk verteilt, nachdem die Stiere unter dem Baum geopfert worden waren. Bei den Germanen war die Mistel das Symbol des Julfestes. Beginnend mit der Wintersonnenwende, 21./22. Dezember, dauerte es zwölf Tage. Bis in die heutige Zeit haben sich die „Zwölf Nächte", in denen Träume in Erfüllung gehen sollen, erhalten. Als ein Zeichen ewigen Lebens galt die Stechpalme, da sie auch bei strengster Kälte ihre grünen Blätter und ihre Früchte behält., ein auch im Odenwald bekanntes Gewächs. Den Namen Stechpalme erhielt sie nach einer

Legende aus Jerusalem. Bei dem Einzug Christi soll das Volk den Weg mit Palmen bestreut haben. Als es später das „Kreuzige" rief, bekamen die Blätter Stacheln und die Palme ihren heutigen Namen. Die Pflanzen wurden früher für die irdischen Stellvertreter von Göttern und Dämonen gehalten, denen man nachsagte, dass sie übermenschliche Fähigkeiten besaßen und für die Zukunft weissagen könnten. Die Wintersonnenwende und das Weihnachtsfest galten als eine besondere günstige Zeit, die Orakel zu befragen. Unserem Apfel, der Lieblingsfrucht unsere Vorfahren, wurde als Symbol der Fruchtbarkeit besondere Kräfte zugeschrieben. Er hatte an allen Liebesorakeln, die in der Weihnachtszeit befragt wurden, den Hauptanteil. In der Christnacht schälte man den Apfel, und zwar so, dass die Schale zusammenhängen blieb. Diese warf man dann hinter sich und aus ihr sollte der Name des Zukünftigen herausgelesen werden. Betrachten wir noch die Christrose, die selbst noch im Winter, sogar im Schnee, ihre Blüten entfaltet. Sie musste als ein besonders Wunder, mit ihrem Sieg über den Wintertod, Eingang in den Glauben des Volkes finden. Im Weihnachtsmonat wurde für jeden Monat ein Blütenkelch mit geschlossenen ins Wasser gestellt. Je nachdem, ob die Knospen sich öffneten oder geschlossen blieben, sagten sie über gutes oder schlechtes Wetter des betreffenden Monats voraus. Die ihr ursprünglich zugeschriebene Allheilkraft wurde vergessen; sie fand aber als Christrose umso mehr Eingang in unser Weihnachtsfest.

Auf einer Reise ohne Wiederkehr

VERTREIBUNG NACH DEM ZWEITEN WELTKRIEG

„Nun ade, du mein lieb Heimatland, lieb Heimatland ade!" Während die Eisenbahnwaggons über die Schiene rattern, stimmen etwa 1300 Menschen das Volkslied an. Sie sind 1946 auf einer Reise ohne Wiederkehr. Der Zug fährt eine Woche von Komotau (tschechisch Chomutov) über Eger nach Dieburg. Nach dem Ende des Zweiten Weltkriegs hat die damalige tschechoslowakische Regierung beschlossen, alle sogenannten Sudetendeutschen, zu denen auch ich zähle, auszuweisen.

Die Alliierten waren der Meinung, dass diese Umsiedlungen, auch eine Folge der neuen Grenzziehung, erforderlich seien, um deutsche Minderheiten als Unruheherd in Ostmitteleuropa auszuschalten. Während der Potsdamer Konferenz im Sommer 1945 hatten sich Sowjets, Amerikaner und Briten auf diesen Plan verständigt.

Ich saß damals als Fünfjähriger mit meiner Mutter und meinen Großeltern mütterlicherseits – mein Vater noch in russischer Kriegsgefangenschaft – in einem der Waggons, die bisher als Vieh- und Kartoffeltransporter unterwegs waren. Etwa 25 Menschen sind in jedem Waggon mitgefahren. Als alle anfingen zu singen, war das ein wirklich sehr ergreifender Moment. Alle haben geweint. Es ist eine Erinnerung, die sich eingebrannt hat, auch wenn ich die Tragweite dieser furchtbaren Zugreise als kleiner Junge nicht begriff.

Der lange Viehwaggonzug mit den Vertriebenen endete am Bahnhof in Dieburg. Niemand kannte das genaue Ziel unserer Reise. Immerhin aber haben die Betroffenen gewusst, dass sie in den Westen Deutschlands kommen, was sie insofern deutlich erleichtert hat, als in den Monaten zuvor auch von Sibirien die Rede war. Die Menschen, die zunächst in einem Lager in Dieburg untergebracht waren, wurden jetzt auf die umliegenden Städte und Dörfer verteilt. Meine Familie kam mit weiteren Vertriebenen nach Hering. Hier wurden wir dann den Häusern ansässiger Familien zugewiesen, den damals auf dem Land üblichen kleinen Bauernhöfen. Umso froher waren wir, dass wir Aufnahme fanden. Es ist klar, dass die Einheimischen nicht begeistert waren, aber ernste Ressentiments, Zurückweisung oder Schlimmeres haben die Vertriebenen in Hering nicht erfahren. Als naturgemäß habe ich es empfunden, dass im Ortsgespräch natürlich zwischen Alteingesessenen und Zuwanderern unterschieden wurde. Gestört haben uns aber der im Odenwald dafür übliche Begriff „Flüchtlinge". Denn der ist dem Verteibungssachverhalt eben alles andere als gerecht geworden, denn wir sind nicht geflüchtet, sondern vertrieben worden.

Abgesehen davon aber sind wir alle eine Überlebensgemeinschaft eingegangen. Schließlich ging es nicht nur um ein Dach über dem Kopf, sondern auch darum, jeden Tag etwas auf den Tisch zu bekommen. Arbeit und damit auch das tägliche Brot ist vornehmlich durch die Mitarbeit in der Landwirtschaft geboten worden. Vor allem kam es darauf an, nichts von dem verfallen zu lassen, was die Natur so hergab. Dazu zählte unter anderem das Ährenlesen oder Stoppeln (also die abgeernteten Felder und Obstbäume nach Getreideähren und Restfrüchten absuchen), Heidelbeeren- oder das Bucheckernsammeln. Aus den Bucheckern haben Pressereien Öl gewonnen. Man lieferte seine

Bucheckern beispielsweise in einer Ölmühle in Bad König ab und erhielt im Gegenzug etwas von dem fertigen Produkt.

Das Leben war bis Ende der fünfziger Jahre des vorigen Jahrhunderts schwer, zumal für die erste Vertriebenengeneration das Leben in der neuen Heimat immer auch weiter auf einer emotionalen Bindung an die frühere Heimat und den Schmerz über die Vertreibung beruhte.

Der Ernst des Lebens begann 1947

HERING VOR 60 JAHREN: „DAS WAR UNSER ERSTER SCHULTAG"

Es war der 14. Oktober 1947, als für die im Kriegsjahr 1941 geborenen Buben und Mädchen der Ernst des Lebens mit dem ersten Schultag in der 1884 erbauten Heringer Schule begann. Sie beherbergte neben den beiden Lehrerwohnungen zwei Klassenräume, in denen die Unterstufe (1. bis 4. Schuljahr) und die Oberstufe (5. Bis 8. Schuljahr) von je einer Lehrkraft unterrichtet wurden. Bis 1970 hatte jeder Ort in Hessen, so auch in Hering, seine eigene Schule und für sich seine Lehrer. Ich erinnere mich noch genau an diesen Zeitpunkt, an dem ich und meine Mitschüler Heinz Hild, Karl-Heinz Koch, Günter Rübeck, Gisela Goll, Gisela Lehr, Edelgard Schwab, Hannelore Vogel, Irmgard Wassum und die beiden inzwischen verstorbenen Gotthard Binka und Maria Schimpf, begleitet von ihren Müttern, dem kurz vor seiner Pensionierung stehenden Lehrer Otto Becker vorgestellt wurden. Sechs der elf Abc-Schützen waren Kriegshalbwaisen, das heißt sie hatten im letzten Weltkrieg (1939 – 1945) ihren Vater verloren und zwei der Buben, nämlich Gotthard Binka und ich, waren Heimatvertriebene, die aus Pommern beziehungsweise aus dem Sudetenland kamen. „Eine Schultüte hatte ich nicht, aber einen Lederranzen. Das war ein alter Mädchenranzen, der von dem gelernten Sattler und späteren Heringer Gemeindesekretär Willi Göbel, der Vater des mit seiner Familie in Hering wohnenden Uli Göbel, zurechtgeflickt worden war." Neue Schulranzen habe es nur auf dem Schwarzmarkt (=verbotener Tauschhandel) und kaum zu kaufen gegeben. Ich erinnere mich, dass ich erstmals in einer mit vier Klappsitzen und einem Tintenfass ausgestatteten Schulbank saß, die alle eingeritzten Namen sowie Botschaften der vorausgegangenen Jahrgänge aufwies und recht ungemütlich war. Unvergessen bleibt auch die tägliche Schulspeisung durch die Amerikaner. Es gab Nudelsuppe, Reis mit Rosinen, Rosinenbrötchen mit Kakao, was wir aus den selbst mitgebrachten Essgeschirren gegessen haben. Ebenso unvergessen bleiben die Probleme mit meinem und dem Odenwälder Dialekt, der zu jener Zeit für einen Neubürger kaum verständlich gewesen war. Mein täglicher Schulweg führte über die Hauptstraße, die im Dritten Reich Adolf-Hitler-Straße hieß und sich nach Bildung der Großgemeinde Otzberg Odenwaldstraße nennt, vorbei an der Linde, dem an der Straßenecke befindlichen und heute nicht mehr bestehenden kleinen Lebensmittelgeschäft, der „Gutsisch Marie", und schließlich in die damalige Schulstraße (heute „Zum Bergfried"), an deren Ende sich das Schulgebäude und der mit Kastanien bewachsene Schulhof befanden, an dessen Rand in Richtung des damals noch nicht vorhandenen alten, erst 1949 angelegten Sportplatzes eine einfache Abortanlage mit je einem Plumpsklo, getrennt für Buben und Mädchen, anzutreffen war. Die „Schulsportanlage", lediglich mit einem primitiven Reck versehen, lag gegenüber des Schuleinganges zur Unterstufe, wo heute die Garagen stehen.

Der Sportunterricht, an dem nur die Buben teilnehmen durften – die Mädchen hatten während dieser Zeit Strickunterricht – fand grundsätzlich montags früh im Freien statt. Er begann nach militärischer Art: mit Antreten, Reihen bilden, Abzählen, Vortreten und anschließendem Bockspringen. Lehrer Otto Becker, ein altgedienter Offizier, verstand es, den Schülern schon im frühesten Alter militärische Grundkenntnisse beizubringen.

Im Übrigen mussten im Sportunterricht zu gegebener Zeit für den Lehrer auch Heidel- und Holunderbeeren gepflückt, Brennholz gehackt und Obst gesammelt werden, wofür es manchmal als Lohn einen Esslöffel Honig gab.

Der Lehrer ebenso der Geistliche waren Respektpersonen. Beim Grüßen mussten die Schüler ihre Mütze abnehmen, der katholische Pfarrer wurde mit „Gelobt sei Jesus Christus" gegrüßt, der mit „In Ewigkeit! Amen" zurück grüßte. Sprechen war nur erlaubt, wenn die Schulkinder gefragt wurden. Später lernten sie sich ordentlich und weitgehend dialektfrei auszudrücken.

Lehrer Otto Becker, ein Freund der Musik, der den Gesang seiner Schüler mit der Geige begleitete, legte großen Wert auf das Lernen von Volksliedern, die von seinen Schülern heute noch fehlerfrei beherrscht werden. Oft wurde im Fach „Singen" von ihm der Geigenbogen als „Schlagstock" zweckentfremdet. Wer im Unterricht nicht aufpasste und unangenehm auffiel, spürte dessen schmerzhaften Schläge auf dem Hinterkopf, die unvergessen blieben.

Kind sein in jener Zeit bedeutete, die elterliche Gewalt und die der Lehrer sowie Pfarrer gelegentlich auch körperlich zu spüren zu bekommen. Die Schule war der wichtigste Ort für alles, was das Kind außerhalb der Familie, in der die eigentliche Erziehung stattfand, erlebte. Mit der Schule wurde der erste Ausflug zu Fuß unternommen. Er führte über Ober-Klingen zum Reinheimer Weiler „Hundertmorgen". Das erste Ziel einer Tagesfahrt mit dem Bus war Rüdesheim am Rhein, wo am Sockel des berühmten Niederwald-Denkmals das heute noch nahezu in allen Alben hessischer und rheinlandpfälzischer Schulkinder zu findende obligatorische Ausflugsfoto entstand.

Ansonsten las Lehrer Otto Becker, ein begeisterter Bienenzüchter, seinen Schülern manches Interessante aus dem Buch „Die Biene Maja" vor, wobei manch Wissenswertes über das Leben der fleißigen Insekten und über die Entstehung des wohlschmeckenden und gesunden Honigs zu erfahren war. Da mein Großvater Anton Tippmann war ebenfalls ein Imker war, fiel mir in den Monaten Mai und Juni die verantwortliche Aufgabe zu, während des Unterrichts stündlich im Schulgarten nachzusehen, ob ein Bienenschwarm seinen Stock verlässt. In diesem Fall verschwand der Pädagoge unverzüglich aus dem Klassenraum, um die flüchtigen Bienen mit ihrer Königin einzufangen. Während seiner Abwesenheit wurde der Unterricht von einem Oberstufenschüler fortgesetzt. Im Übrigen wurde gepaukt, was das Zeug hielt, weswegen auch jeder seiner Schüler einen ordentlichen Beruf erlernte und sich im Leben bewährte.

Corona beherrscht die Welt

EIN KLEINER BÖSER VIRUS REGIERT – UND WIE

Übersetzt aus dem Lateinischen heißt Corona Strahlenkranz oder auch Krone. Wie zutreffend. Eine Königin, ein König trug dieses Utensil auf dem Kopf. Alle konnten erkennen, wer hier das Sagen hat, wer die Macht ausübt. Corona beherrscht die Welt. Ein kleiner böser Virus regiert und wie. Die Börse wankt und löst Anlegerängste aus. Wirtschaftsunternehmen stehen scheinbar vor dem Ruin oder zumindest vor großen Krisen. Der Ölpreis fällt. Menschengruppen, ganze Landesteile werden isoliert. Großveranstaltungen werden abgesagt trotz Millionenverlusten. Sogar Fußballspiele werden zu Geisterveranstaltungen. Schulen und Kindergärten sind dicht. Gaststätten, Dienstleistungsbetriebe und die meisten Läden haben geschlossen. Regale in den Verbrauchermärkten sind leer. Das Klopapier ist ausverkauft. Milch und Mehl auch. Erlauben Sie mir die Frage: Warum? Angesichts der Tatsache, dass weltweit täglich unzählige Kinder – das Mehrfache derer, die vermutlich am Corona-Virus sterben werden - an Hunger und üblen Infektionskrankheiten umkommen, was ohne weiteres vermeidbar wäre. Wenn sich die Welt anstrengen würde, hätte sie dieses Problem schon längst gelöst. Weltweit leben Millionen Menschen in höchstgefährlichen, toxischen und unwürdigen Zuständen: in den Slums, den Armutsgebieten, den Gefängnissen der korrupten oder totalitären Staaten. Selten erfahren wir etwas darüber. Vielleicht hin und wieder in Spezialsendungen. Es erschüttert uns nicht mehr. Täglich rasen wir auf den Autobahnen wenige Meter an unserem möglichen Tod vorbei. Ein Laster über die Leitplanke – und schon ist es passiert. Dieses Risiko, das ungleich höher ist als die Corona-Gefahr, nehmen wir in Kauf. Wir haben uns daran gewöhnt-Corona erschüttert. Löst Unsicherheit aus. Ja, ich könnte selbst betroffen sein, infiziert werden. Vielleicht sogar daran sterben. Ich selbst. Nicht irgendjemand auf der großen weiten Welt. Die Angst geht um. Verständlich, dass Menschen Angst bekommen. Es wird immer mehr getan, Um dieser Infektionskrankheit Herr zu werden. Das ist gut und richtig. Und doch steigt die Zahl der Infizierten weiter an und wird immer größer. Die Angst geht um, die Kontrolle darüber zu verlieren. Angst ist und war schon immer ein schlechter Ratgeber. Obwohl sie für unsere Vorfahren überlebenswichtig war – die Flucht vor dem Säbelzahntiger geschah vor allem aus Angst, gefressen zu werden. Ständige und überbordende Angst – auch kollektive Angst – führt irgendwann zu Kontrollverlust: Menschen reagieren unberechenbar, chaotisch, brutal und egoistisch. Sie sind nicht mehr sie selbst, bekommen körperliche Beschwerden und Stresssymptome. Erfreulicherweise gibt es Menschen, die geben alles, damit wir uns weiterversorgen können – und damit wir versorgt werden, wenn medizinische Hilfe oder Pflege nötig ist. Solidarität kann Angst mindern und befreien. Zu wissen, ich bin nicht alleine, und zu glauben: Es gibt eine gute Zukunft für mich, kann helfen und heilen. Vielleicht könnte die Antwort auf die Corona-Krise heißen: Menschen solidarisiert euch! Nicht jeder einzelne ist sich selbst der Nächste. Das in und mit sich solidarische Kollektiv wird überleben. Ich wünsche uns allen, dass uns die Angst nicht auffrisst. Mir liegt auf der Zunge zu sagen: „Bleibt cool, Leute. Es kommt, wie es kommt."

Eine heilige Corona?

Kürzlich war in einer Tageszeitung zu lesen: „Katholiken können sich an die heilige Corona wenden. Sie ist die Heilige der Stunde und hilft gegen Seuchen." Zugegeben, außerhalb des katholischen Lebens sind Heilige eher nicht so bekannt, daher werden viele Menschen von einer heiligen Corona wohl noch nichts gehört haben. Aber auch für mich als Katholik stellte sich die Frage: Wie, es gibt eine heilige Corona, und die soll ausgerechnet noch Schutzpatronin gegen Seuchen sein? Völlig unbekannt ist sie mir gewesen. Das hat sich mit der Corona-Pandemie und Berichten über die gleichnamige frühchristliche Märtyrerin geändert. Inzwischen habe ich mich über die Heilige, deren Gedenktag die Katholiken am 14. Mai begehen, informiert. Von der heiligen Corona ist nur sehr wenig bekannt. Man weiß nicht genau, ob sie in Ägypten oder Syrien geboren wurde, man kennt nicht einmal ihr Geburtsdatum. Die Berichte über ihr Leben weichen sehr stark voneinander ab. Eine Verehrung lässt sich ab dem 6. Jahrhundert in Nord- und Mittelitalien nachweisen. Was sich sonst um die heilige Corona rankt, ist meist der Legendenbildung zuzuschreiben. Die wurde vor allem von Klosterbrüdern im Alpenraum betrieben. Das hat nichts mit der echten Historie von Corona zu tun, sondern mit Geschichten zur Vertiefung des Glaubens, wie namhafte Brauchtumsforscher berichten. Ihre Nachforschungen ergaben, dass diese

Heiligenlegende, wie viele andere, besonders blutrünstig und farbig ausfiel – was beim Volk umso mehr ankam. Der spirituellen Fantasie nach musste Corona als 16-Jährige dabei zugucken; wie ihr geistlicher Begleiter Victor – nach anderen Überlieferungen ihr Ehemann – seines Glaubens wegen umgebracht wurde. Sie selbst kam dann ebenfalls grausam um, weil sie Menschen, die gemartert wurden, trösten wollte. Der Überlieferung zufolge sollen Christen- verfolger sie zwischen zwei niedergebeugten Palmen fest- gebunden haben. Und als man sie dann hochschnellen ließ, zerriss es ihren Körper. Attribute, also Kennzeichen der heiligen Corona; sind entsprechend dem Martyrium Krone und Palmwedel, aber auch Goldstücke oder ein Schatzkästchen. Corona gilt auch als Patronin der Schatz- gräber und ist Fürsprecherin in Geldangelegenheiten. Das Patronat hierfür verdankt sie ihrem Namen, der auf Deutsch „Krone" bedeutet, eine Bezeichnung für verschie- dene Währungen. Bis 1924 hieß die Währung Österreichs „Krone" – angeblich nach Corona benannt. Während der Doppelmonarchie Österreich-Ungarn (1867 – 1918) hatte die Krone die bisherige Standartwährung „Gulden" abge- löst, in Ungarn wurde die neue Währung „Korona" ge- nannt. Viele Menschen trauten der Heiligen einen gewinn- bringenden Einfluss in Geldfragen zu. Angesichts der staatlichen Milliarden- Hilfen für die virusgeplagte Wirt- schaft ist es dann wohl doch nicht verkehrt, die Heilige in der Corona-Krise anzurufen. Zum Schluss noch die Frage: Was hat die heilige Corona mit dem gleichnamigen Virus zu tun? Die Heilige ist nicht die Namensgeberin. Das Ver- hältnis zwischen ihr und dem Virus ist rein sprachwissen- schaftlich. Corona kommt, wie bereits erwähnt, aus dem Lateinischen und lässt sich mit Strahlenkranz oder Krone, auch „die Gekrönte" übersetzen. Corona-Viren erscheinen unter dem Mikroskop kronenartig.

Wäschespinnen und Unterhaltung in der Corona-Zeit

JETZT BESINNEN WIR UNS AUF DAS WESENTLICHE

In Zeiten, in denen es nicht so gut läuft, besinnen wir Menschen uns auf das Wesentliche. Das zeigt sich an Stellen, an denen es nicht immer vermittelt wird. Dieser Tage beispielsweise vermeldete ein großer deutscher Haushaltswarenhersteller einen rasant ansteigenden Absatz an Wäschespinnen. Die Menschen seien durch die Corona-Pandemie und die dadurch erfolgte Sensibilisierung in Sachen Hygiene darauf aufmerksam geworden, dass durch die direkte Sonneneinstrahlung eventuell noch vorhandene Krankheitskeime in der Wäsche abgetötet würden.
Das wusste eigentlich schon meine Großmutter vor mehr als 100 Jahren, unabhängig davon, dass es zu damaligen Zeiten ohnehin keine Wäschetrockner und Waschmaschinen in den Haushalten gab. Von ihr hätten wir auch den Tipp bekommen, dass für das Waschen unserer Gesichtsmasken kein kompletter 60-Grad-Waschgang benötigt wird, sondern dass dafür auch das kurze Abkochen in einem Topf mit Seifenlauge ausreicht. Was meine Großmutter auch schon wusste, als es um die Grippe ging: „Hüte dich vor Menschenansammlungen (Kino, Theater, Eisenbahn)! Gesunde Ernährung mit viel Obst und rohem Gemüse ist sehr wichtig, ausreichender Schlaf und Mäßigkeit in allen Dingen! Wer diese Ratschläge beachtet, erspart sich und seiner Familie Sorgen und viel Geld!" So viel generationenübergreifende Weisheit lässt uns interessiert

weiterblättern in dem 1955 erschienenen Taschenbuch „Die rechte Hand der Hausfrau – 1123 praktische Winke und Ratschläge". Schließlich verbringen wir gerade auch viel Zeit im Garten: „Ohrwürmer verkriechen sich in aufgehängten Grasbüscheln und können dann leicht beseitigt werden. Vögel vertreibt man von den Beeten, wenn man auf diese eine Hasenpfote legt. Eine tote Ratte, in Teer getaucht, lässt ihre Artgenossen verschwinden." Gut, dass die Sache mit der keimfreien Wäsche so einfach zu haben ist. Einfach zu haben sind jetzt in der Corona-Krise auch Online-Musikangebote der Radio- und Fernsehsender sowie der Internetdienste, die überdurchschnittlich genutzt werden. Vor allem werden verstärkt „Klassiker und Lieblingssongs vergangener Tage gehört und die Zahl der Stücke aus den 1950er-, 1960er- und 1970er Jahren haben zugenommen. Nach Meinung der Verhaltenswissenschaftler bringen diese Klassiker viele von uns in eine Zeit zurück, in der sich unser Leben einfacher anfühlte und wir mehr Kontrolle hatten. Unbeschwert, fröhlich und selbstgewiss – so möchten wir uns alle wieder fühlen. Und dabei hilft die Musik. Um Sorgen und Angst in diesen Tagen zu vertreiben, schlagen Fachleute vor, im Fernsehen sollten mehr anregende und ermutigende Beiträge gezeigt werden. Das verleihe neue Kraft und viel Lebensmut. Aber auch jeder selbst kann Zeichen setzen, zum Beispiel durch ein kleines Geldgeschenk an die Stammkneipe, deren Besitzer als „arbeitsloser Pächter" in der Corona-Zeit auf jeden Euro angewiesen ist. Mutmacher sind heute gefragt, die Hoffnung und neue Perspektiven geben. Dr. Martin Luther (1483 – 1546) hat einmal gesagt: „Du kannst nicht verhindern, dass ein „Sorgenvogel" auf deinem Kopf landet, aber du kannst verhindern, dass er dort ein Nest baut." Eine gute Devise auch für unser Leben, heute in der Corona-Zeit.

Seuchen und Hexenglaube

Eine Pandemie bedroht derzeit die Menschheit. Tausende sterben. Wir antworten mit Seuchenschutz, Kontaktsperren, mit medizinischer Notversorgung und Infektionsforschung. Vor 400 Jahren wäre das anders gewesen. Damals war man überzeugt, dass Hexen mit dem Teufel im Bunde für solche pandemische Seuchen verantwortlich sind. Und diese Hexen, manchmal waren es auch Hexer, wurden aufgespürt, gefoltert, verurteilt und hingerichtet.

Eine Welt voller Magie und Aberglaube
Hinter den Hexenprozessen steckt der Aberglaube jener Zeit. Die Welt war durchdrungen von Magie, Schutzamuletten und Aberglauben. Und vom Glauben an den Teufel, dessen Ziel es war, die Menschen und Gottes Schöpfung zu zerstören. Hierzu benutzte er vor allem Frauen, denen er böse Kräfte verlieh. Die verdächtigen Frauen stammten häufig aus gesellschaftlichen Randgruppen und waren etwa Witwen, Dirnen, Vagabundinnen und Bettlerinnen. 80 Prozent der Opfer waren Frauen. Die Kirche hielt bis ins 14. Jahrhundert hinein den Hexenglauben für Aberglauben und förderte ihn nicht; das angeblich finstere Mittelalter war also in dieser Frage durchaus hellsichtig.
Das kippte im 15. Jahrhundert. Der Hexenwahn nahm zu und machte auch vor der Kirche nicht halt. Besonders der Dominikaner Dr. Heinrich Kramer (1430 – 1505) war ein

fanatischer Hexenhasser. War er zu seinem ersten Hexenprozess noch vom Ravensburger Stadtrat aufgefordert worden – damals war Dr. Heinrich Kramer Vorsteher (Prior) eines nahegelegenen Mönchklosters -, wurde bald die Hexenverfolgung zu seiner Lebensaufgabe. Er schrieb die Hexenbulle, die der von 1484 bis 1492 amtierende Papst Innozenz VIII (1432 – 1492) im Juli 1484 herausgab – das erste Mal, dass die Kirche anerkannte, dass es Hexerei gibt. Und Dr. Heinrich Kramer schrieb den berühmten Hexenhammer, einen Bestseller, der in den folgenden 300 Jahren in 49 Auflagen erschien und die Hexenverfolgung systematisierte.

Hexenverfolgung hatte keine Konfession. Katholisch oder evangelisch – ganz egal, der Hexenhass war in der gesamten Gesellschaft verankert. Die bekannten Reformatoren Dr. Martin Luther (1483 – 1546) und Johannes Calvin (1509 – 1564) befürworteten diese Prozesse. Diese wurden im 16. Jahrhundert durch die zu Hungersnöten führende „Kleine Eiszeit", die Wetterkapriolen und Missernten verursachte, und durch den verheerenden 30-jährigen Krieg (1618 – 1648) mit dem begleitenden Hunger und den Seuchen verschärft.

An der Wurzel der Verfolgung standen Argwohn, Misstrauen, Missgunst, Beengung, Not, Mangel und Hunger unter den Menschen beiden Geschlechts. Wenn jemand körperlich, mit seinem Aussehen, Verhalten, seinen Gebärden, seinem Alter aber auch seinem besonderen Wissen etwas aus der Reihe tanzte, so begannen Verdächtigungen und Aggressionen aller Art zu ranken. Irgendwann entluden sich die Verdächtigungen an einem Vorkommen in öffentlichem und offenem Unmut. Die betroffene Person wurde schließlich als Hexe oder Hexer bezeichnet und hingerichtet.

Und wie kam man raus aus dem Hexenwahn? Erste kleine Anstöße kamen etwa von dem in Trier an einer Seuche verstorbenen Jesuiten Professor Friedrich Spee von Langenfeld (1591 – 1635), dessen Schwägerin Anna Spee von Langenfeld 1631 als" Hexenkönigin von" Bruchhausen" (Hochsauerlandkreis) hingerichtet wurde. Prof. Friedrich Spee von Langenfeld wirkte zunächst als Beistand für verurteilte Hexen und wurde bald Hauptkritiker der Verfahren. Und was die Folter angeht, ist der Jesuit längst überzeugt: Selbst der Papst würde gestehen mit dem Teufel im Bunde zu sein, wenn er nur lange genug gequält würde.

Zeitgeschichte mit Corona

MUSEEN DOKUMENTIEREN ERLEBNISSE UND ERFAHRUNGEN DER PANDEMIE

Immer mehr Museen sammeln Zeitdokumente, um den gegenwärtigen Ausnahmezustand in der Corona-Krise zu dokumentieren.

Ob das, was heute geschieht, Geschichte wird, entscheiden allerdings andere. Eines Tages, wenn alles vorbei ist, in zehn, zwanzig oder fünfzig Jahren, werden sich Geschichtsforscher, Archivare und Museen mit der Corona-Pandemie befassen. Sie werden die Geschichte rückwärts erzählen, allerdings mit dem Wissen, wie sie zu Ende gegangen ist. Wir, die wir mittendrin stecken in der Krise, die unser Leben auf den Kopf gestellt hat, kennen das Ende nicht.

Wir wissen nicht, wie lange die Pandemie noch andauert, ob eine Impfung den Erreger eindämmen oder gar ausmerzen wird. Entscheidungen, die wir heute treffen (müssen), werden sich im Nachhinein vielleicht als falsch herausstellen. Die Unsicherheit, wie mit diesem nach wie vor weithin unbekannten Virus umzugehen ist, gehört zu einem prägenden Gefühl dieser Zeit.

Werden sich die Menschen in zehn Jahren noch daran erinnern? Was werden Kinder im Geschichtsunterricht über das Jahr 2020 lesen? Das wird unter anderem davon abhängen, welche politischen und gesellschaftlichen Verwerfungen die Corona – Krise nach sich ziehen wird. Oder was überhaupt passieren wird.

Die „Spanische Grippe" 1918 tötete zwischen fünfzig und hundert Millionen Menschen, eine Tragödie, die die ganze Welt erfasste. Aus dem gemeinschaftlichen Gedächtnis ist sie aber verschwunden, erst jetzt mit dem neuen Virus erinnert man sich, sucht nach Parallelen. Doch nach der Seuche damals kamen der Zweite Weltkrieg (1939 – 1945) und der Holocaust, der Völkermord an den Juden (1941 – 1945) durch die Nationalsozialisten. Das war so monströs und veränderte die Welt so tiefgreifend, dass diese Ereignisse bis heute die Erinnerungskultur bestimmen.

Erst vor einiger Zeit wurde des Kriegsendes vor 75 Jahren und der Befreiung von der Nazi-Diktatur gedacht. Als 100 Jahre nach dem Ausbruch der Spanischen Grippe, also 2018, Bücher darüber erschienen, dürfte das eher unter dem Titel Spezialinteressen gelaufen sein.

Doch unabhängig davon, welchen Platz die Pandemie 2020 in der Geschichte einnehmen wird: Erinnert werden kann nur, was aus der Gegenwart erhalten und überliefert ist. Klassische (schriftliche) Quellen sind Behördenakten, offizielle Dokumente von Bund, Ländern und Kommunen, sowie Beiträge in den Medien, etwa der Zeitung. Was in der

historischen Forschung oft zu kurz kommt, ist die Alltags-
geschichte, die subjektiven Erfahrungen und Wahrneh-
mungen der Menschen. Als Zeitzeugen können sie zwar
später darüber berichten, doch auch sie können vergessen. Und sie leben nicht ewig. So haben Historiker, Museen und Archive begonnen, auf Plattformen online-Erin-
nerungsstücke aus der Corona-Zeit zu sammeln. Fotos,
Videos, E-Mail-Wechsel, Gedichte, Geschichten, alles, was
die Menschen erlebt haben: Hamsterkäufe, Kontaktbe-
schränkungen, gesperrte Spielplätze, Warteschlangen vor
den Supermärkten, Aufrufe zum Maskentragen. Welche
dieser Quellen Historiker einmal nutzen werden, bleibt
ihnen überlassen. Wir können aber dafür sorgen, dass sie
über einen reichen Fundus verfügen, der sie unserem Leben in Zeiten von Corona ganz nahebringt.

Bildnachweise:

https://pixabay.com/de/: S. 20, 51, 63, 153, 175; Horst Pöschl (privat): S. 30, 66, 86, 87, 98, 99, 105, 106, 116, 145, 167, 169; Jonas Pöschl (privat): S. 46, 102; Jürgen Pöschl (privat): S. 80, 125; https://de.wikipedia.org/wiki/Steuermarke_„Notopfer_Berlin": S. 151.